Ce livre est basé sur une étude préparée par Alain Pilote à l'occasion de la semaine d'étude ayant suivi le Congrès des Pèlerins de saint Michel à Rougemont, Canada, du 5 au 11 septembre 2006

VERS DEMAIN

Les Pèlerins de saint Michel publient aussi le journal Vers Demain, qui paraît cinq fois par année. Le prix de l'abonnement: 20 dollars pour 4 ans (pour l'Europe: surface, 18 euros pour 2 ans; par avion, 24 euros pour deux ans.) Ce journal est aussi disponible en anglais, espagnol, ou polonais.

ISBN 978-2-9810896-2-5 (2e édition, 2009)
ISBN 978-2-9801332-7-5 (1ère édition, 2008, sous le titre *Les propositions financières du Crédit Social expliquées en 10 leçons*)

Dépôt légal — 3e trimestre 2009
Bibliothèque nationale du Québec
Bibliothèque nationale du Canada

1101, rue Principale
Rougemont, QC
Canada – J0L 1M0
Tel. 450-469-2209
Fax: 450-469-2601
Site internet: www.versdemain.org
e-mail: info@versdemain.org

La démocratie économique
expliquée en 10 leçons

et vue à la lumière de la doctrine sociale de l'Église

Pie XI

Pie XII

Jean XXIII

Paul VI

Jean-Paul II

Étude préparée par Alain Pilote

PILGRIMS OF ST. MICHAEL
PÈLERINS DE SAINT MICHEL

Publié par les Pèlerins de saint Michel
1101, rue Principale
Rougemont, QC, Canada – J0L 1M0
www.versdemain.org

Avant-propos

Les lecteurs réguliers de Vers Demain savent que chaque numéro de ce journal contient des articles sur les propositions financières du Crédit Social, qui sont plus d'actualité que jamais pour résoudre les problèmes économiques actuels. Cette idée du Crédit Social peut susciter de nombreuses questions parmi nos nouveaux lecteurs, et un seul article n'est certainement pas suffisant pour répondre à toutes ces questions, ou pour donner une bonne compréhension de tout le concept du Crédit Social. De plus, la plus part des gens n'ont tout simplement pas le temps de lire de longs livres sur le sujet.

Alors, voici la solution: les propositions du Crédit Social expliquées en 10 leçons, chacune étant la suite logique de la précédente. La première leçon débute avec les principes, et de là, on bâtit les fondations pour avoir une pleine connaissance de tout ce que le Crédit Social implique. Voici la liste des 10 leçons:

Leçon 1: Le but de l'économie: faire les biens joindre ceux qui en ont besoin (page 10); **Caritas in veritate** (22);

Leçon 2: La pauvreté en face de l'abondance, la naissance de l'argent (page 38);

Leçon 3: Les banques créent l'argent sous forme de dette (page 50);

Leçon 4: La solution: un argent sans dette créé par la société (page 67);

Leçon 5: Le manque chronique de pouvoir d'achat — Le dividende (page 86); **l'environnement** (page 101);

Leçon 6: L'argent et les prix — l'escompte compensé (page 106); **la démocratie économique** (page 117);

Leçon 7: L'histoire du contrôle bancaire aux Etats-Unis (page 125);

Leçon 8: Le Crédit Social n'est pas un parti politique, mais une finance saine et efficace (page 137);

Leçons 9 et 10: Le Crédit Social et la doctrine sociale de l'Église (pages 150 et 165) qui expliquent, entre autres, les quatre principes de base de la doctrine sociale de l'Église catholique, et une étude du Crédit Social par neuf théologiens). Bonne étude !

Modifications à la seconde édition (2009)

Cette deuxième édition porte un nouveau titre: *La démocratie économique expliquée en 10 leçons*, au lieu du titre de la première édition (*Les propositions financières du Crédit Social expliquées en 10 lecons*), mais il s'agit encore du même sujet, les propositions financières de l'ingénieur écossais Clifford Hugh Douglas, connues tout d'abord sous le nom de *démocratie économique* (d'après le titre de son premier livre), et connues par la suite sous le nom de *crédit social*.

Pour éviter toute confusion, à la suite de commentaires (spécialement de nos amis africains), nous préférons utiliser dans le titre l'expression «démocratie économique», puisque l'expression «crédit social» peut faire penser à une quelconque agence de crédit cherchant à prêter de l'argent... avec intérêt, bien sûr! Mais en étudiant les 10 leçons, on peut bien voir qu'il ne s'agit pas d'une nouvelle institution financière, ni d'un ancien ou nouveau parti politique (voir la leçon 8), mais bien de réforme du système financier et monétaire, et même d'une nouvelle philosophie de la vie économique (*Voir la leçon 1, qui définit le «crédit social» comme la confiance qu'on puisse vivre en société*).

Puisqu'il s'agit d'une étude, nous avons ajouté une série de questions à la fin de chaque chapitre, pour s'assurer que le lecteur ait bien compris et retenu ce qu'il a lu.

Nous avons aussi ajouté plusieurs articles sur le lien entre les propositions financières de Douglas et la doctrine sociale de l'Église, en débutant avec des commentaires sur la toute dernière encyclique de Benoît XVI, ***Caritas in veritate*** (L'amour dans la vérité), publiée en juillet 2009, sur le développement humain intégral, placée à la suite de la leçon 1 (*voir page 22*).

Après la leçon 5, nous avons ajouté un article sur l'environnement (page 101), et après la leçon 6, un article sur la démocratie économique (page 117).

Deux annexes en fin de livre: un article de Louis Even, «Promouvoir tout homme et tout l'homme» (page 186), et une annexe qui figurait déjà dans l'édition précédente: «Le dernier écrit de Jacques Maritain (sur l'intérêt)». Bonne lecture!

Lettre du Cardinal Bernard Agré

Le cardinal Bernard Agré, archevêque émérite d'Abidjan, en Côte-d'Ivoire, a assisté à deux de nos semaines d'étude à Rougemont au Canada en 2008, qui portaient précisément sur ce livre, *Les propositions financières du Crédit Social expliquées en 10 leçons*. Il a eu l'amabilité de nous écrire ces quelques mots par la suite:

Bernard Cardinal Agré
Archevêque Emérite d'Abidjan

Ce manuel des «Propositions du Crédit Social en 10 leçons» guide les animateurs des semaines d'étude et des rencontres à Rougemont. Avec les participants venus des continents d'Afrique, d'Amérique, d'Europe et d'Asie, j'ai eu le bonheur de prendre part à ces enseignements instructifs et bien animés.

Dans la ligne de Louis Even, fondateur de cette organisation fortement mariale qui tire ses thèmes majeurs de la doctrine sociale de l'Église Catholique, nous saluons la pertinence des traits saillants du Crédit Social qui appelle de tous ses voeux un monde social nouveau de justice et de charité.

Fort heureusement, le Compendium de l'Église Catholique offre en sa récente édition une source qui éclaire l'ouvrage que vous tenez entre vos mains en ces quatre visions fondamentales suivantes:

— Le respect de la personne humaine

— La recherche du bien commun

— Le principe de subsidiarité

— Et la solidarité

Les dix leçons du Crédit Social et le Compendium sont disponibles en plusieurs langues pour être des instruments précieux de réflexion personnelle et communautaire.

Nous sommes tous interpellés par la misère et la pauvreté récurrentes des peuples. Comment comprendre que l'on manque du nécessaire sur une terre plantureuse ? Comment comprendre que des adultes et des enfants par millions meurent de faim et de malnutrition ? Comment comprendre que des pays extrêmement riches croulent sous les dettes jamais remboursables si un système financier universel vicieux ne les retient en captivité, par un groupe de privés puissants, solidaires dans le mal ?

L'espoir est permis de la libération des banques et des intermédiaires impitoyables. Cela prend des millions d'hommes et de femmes, éclairés, organisés, débordant de foi et d'amour qui se lèvent de partout pour crier leur ras-le-bol et construire un nouvel environnement national et international ou «personne dans cette famille humaine ne manquera du nécessaire vital.» (Benoît XVI, *Deus caritas est*.) Les Pèlerins de saint Michel ont commencé ce combat, il dure officiellement pour eux, depuis 70 ans. Le chemin est encore long.

Apôtres, hommes de foi, spécialistes, hommes de bonne volonté, levez-vous, c'est votre tour, n'ayez pas peur, le Christ est vivant et maître du temps et de l'histoire.

Rougemont, le 3 septembre 2008

+ Bernard Cardinal AGRE
Archevêque Emérite d'Abidjan

Introduction

Louis Even, 1885-1974 fondateur des Pèlerins de saint Michel et de Vers Demain

Le Crédit Social est une doctrine, un ensemble de principes énoncés pour la première fois par le major et ingénieur Clifford Hugh Douglas, en 1918. La mise en application de ces principes ferait l'organisme économique et social atteindre efficacement sa fin propre, qui est le service des besoins humains.

Le Crédit Social ne créerait ni les biens ni les besoins, mais il éliminerait tout obstacle artificiel entre les deux, entre la production et la consommation, entre le blé dans les silos et le pain sur la table. L'obstacle aujourd'hui, au moins dans les pays évolués, est purement d'ordre financier — un obstacle d'argent. Or, le système financier n'émane ni de Dieu ni de la nature. Établi par des hommes, il peut être ajusté pour servir les hommes et non plus pour leur créer des difficultés.

A cette fin, le Crédit Social présente des propositions concrètes. Fort simples, ces propositions impliquent cependant une véritable révolution. Le Crédit Social ouvre la vision sur une civilisation d'un aspect nouveau, si par civilisation on peut signifier les relations des hommes entre eux et des conditions de vie facilitant à chacun l'épanouissement de sa personnalité.

Sous un régime créditiste, on ne serait plus aux prises avec les problèmes strictement financiers qui harcèlent constamment les corps publics, les institutions, les familles, et qui empoisonnent les rapports entre individus. La finance ne serait plus qu'un système de comptabilité, exprimant en chiffres les valeurs relatives des produits et services, facilitant la mobilisation et la coordination des énergies nécessaires aux différentes phases de la production vers le produit fini, et distribuant à TOUS les consommateurs le moyen de choisir librement et individuellement ce qui leur convient parmi les biens offerts ou immédiatement réalisables.

Pour la première fois dans l'histoire, la sécurité économique absolue, sans conditions restrictives, serait garantie à tous et à chacun. L'indigence matérielle serait chose du passé. L'inquiétude matérielle du lendemain disparaîtrait. Le pain serait assuré à tous, tant qu'il y a assez de blé pour assez de pain pour tous. De même pour les autres produits nécessaires à la vie.

Cette sécurité économique, chaque citoyen en serait gratifié comme d'un droit de naissance, à seul titre de membre de la communauté, usufruitier sa vie durant d'un capital communautaire immense, devenu facteur prépondérant de la production moderne. Ce capital est fait, entre autres, des richesses naturelles, bien collectif; de la vie en association, avec l'incrementum qui en découle; de la somme des découvertes, inventions, progrès technologiques, héritage toujours croissant des générations.

C.-H. Douglas 1879-1952 concepteur des propositions financières du Crédit Social

Ce capital communautaire, si productif, vaudrait à chacun de ses copropriétaires, à chaque citoyen, un dividende périodique, du berceau à la tombe. Et vu le volume de production attribuable au capital commun, le dividende à chacun devrait être au moins suffisant pour couvrir les besoins essentiels de l'existence. Cela, sans préjudice au salaire ou autre forme de récompense, en plus, à ceux qui participent personnellement à la production.

Un revenu ainsi attaché à la personne, et non plus uniquement à son statut dans l'embauchage, soustrairait les individus à l'exploitation par d'autres êtres humains. Avec le nécessaire garanti, un homme se laisse moins bousculer et peut mieux embrasser la carrière de son choix.

Libérés des soucis matériels pressants, les hommes pourraient s'appliquer à des activités libres, plus créatrices que le travail commandé, et poursuivre leur développement personnel par l'exercice de fonctions humaines supérieures à la fonction purement économique. Le pain matériel ne serait plus l'occupation absorbante de leur vie.

Note: Le texte des 10 leçons provient pour la plus grande partie de ces trois écrits de Louis Even: «Sous le Signe de l'Abondance»; «Qu'est-ce que le vrai Crédit Social?»; «Une finance saine et efficace». Ces livres sont aussi disponibles sur le site internet des Pèlerins de saint Michel et du journal Vers Demain: www.versdemain.org

Leçon 1

Le but de l'économie: faire les biens joindre ceux qui en ont besoin

Fins et moyens

Lorsqu'on parle d'économie, il convient de distinguer entre fins et moyens, et surtout de soumettre les moyens à la fin, et non pas la fin aux moyens.

La fin, c'est le but visé, l'objectif poursuivi.

Les moyens, ce sont les procédés, les méthodes, les actes posés pour atteindre la fin.

Je veux fabriquer une table. Ma fin, c'est la fabrication de la table. Je vais chercher des planches, je les mesure, je les scie, je les rabote, je les ajuste, je les visse: autant de mouvements, d'actes qui sont des moyens pour fabriquer la table.

C'est la fin que j'ai en vue, la fabrication de la table qui me fait décider des mouvements, de l'emploi des outils, etc. La fin gouverne les moyens. La fin existe dans mon esprit d'abord, même si les moyens doivent être mis en oeuvre avant d'obtenir la fin. La fin existe avant les moyens, mais elle n'est atteinte qu'après l'emploi des moyens.

Cela paraît élémentaire. Mais il arrive que souvent, dans la conduite de la chose publique, on prend les moyens pour la fin, et l'on est tout surpris d'obtenir le chaos comme résultat. Par exemple, selon vous, quel est le but, la fin de l'économie:

A. Créer des emplois?
B. Obtenir une balance commerciale favorable?
C. Distribuer de l'argent à la population?
D. Produire les biens dont les gens ont besoin?

La bonne réponse est D. Pourtant, pour pratiquement tous les politiciens, la fin de l'économie est de créer des emplois: cependant, les emplois ne sont qu'un moyen de produire les biens, qui sont l'objectif, la véritable fin de l'économie; aujourd'hui, grâce à l'héritage du progrès, les biens peuvent être produits avec de moins en moins de labeur humain, ce qui laisse aux gens de plus en plus de temps libres pour se consacrer à d'autres activités, comme prendre soin de leur famille, ou accomplir d'autres devoirs sociaux. D'ailleurs, quelle serait l'utilité de continuer à produire quelque chose lorsque les besoins humains pour ce produit sont déjà comblés et satisfaits ? Cela entraîne un gaspillage inutile des ressources naturelles. Et si on tient au plein emploi, qu'arrive-t-il à ceux qui ne peuvent être employés par le système producteur: les handicapés, les personnes âgées, les enfants, les mères qui restent à la maison — devraient-ils tous mourir de faim ? Ce ne sont pas tous les êtres humains qui sont producteurs, mais tous sont consommateurs.

Si vous pensez en termes de réalités, avoir une balance commerciale favorable signifie que vous exportez vers d'autres pays plus de produits que vous en importez de l'étranger, ce qui signifie que vous vous retrouvez avec moins de produits dans votre pays, donc plus pauvres en richesses réelles.

Plusieurs seraient tentés de répondre C à la question du début, car il semble évident que l'argent est nécessaire pour vivre dans la société actuelle, à moins de produire soi-même tout ce dont on a besoin pour vivre, ce qui est l'exception aujourd'hui, avec la division du travail où un individu est le boulanger, l'autre est charpentier, etc., chacun accomplissant une tâche spécifique et produisant des biens différents.

L'argent est un moyen d'obtenir ce qui est produit par les autres. Notez bien, c'est un moyen, pas une fin ! On ne se nourrit pas en mangeant de l'argent, on ne s'habille pas en cousant du papier-monnaie ensemble: on se sert de l'argent pour acheter de la nourriture et des vêtements. Les biens doivent tout d'abord être produits, fabriqués, et mis en vente sur le marché: s'il n'y avait aucun produit à acheter, tout argent ne vaudrait absolument rien, ne servirait à rien. A quoi servirait par exemple d'avoir un million de dollars si vous vous retrouvez au Pôle Nord ou dans le désert du Sahara, sans aucun produit à acheter avec votre million de dollars ? Comparez maintenant cette situation avec celle d'un homme qui n'a pas un sou, mais qui vit sur une île où il retrouve toute l'eau potable et tous les aliments dont il a besoin pour mener une vie confortable ? Lequel des deux est le plus riche ?

Répétons-le encore une fois, et nous l'expliquerons encore plus loin, l'argent n'est pas la richesse, mais un moyen d'obtenir la richesse réelle: les produits.

Ne confondons pas fins et moyens. On peut dire la même chose des systèmes. Les systèmes ont été inventés et établis pour servir l'homme, non pas l'homme créé pour servir les systèmes. Si donc un système nuit à la masse des hommes, faut-il laisser souffrir la multitude pour le système, ou altérer le système pour qu'il serve la multitude ?

Une autre question qui sera le sujet d'une longue étude dans ce volume: puisque l'argent a été établi pour faciliter la production et la distribution, faut-il limiter la production et la distribution à l'argent, ou mettre l'argent en rapport avec la production et la distribution?

D'où l'on voit que l'erreur de prendre la fin pour les moyens, les moyens pour des fins, ou de soumettre les fins aux moyens, est une erreur grossière, très répandue, qui cause beaucoup de désordre.

La fin de l'économique

Le mot économie provient de deux racines grecques: *Oikia*, maison; *nomos*, règle. Il s'agit donc de la bonne réglementation d'une maison, de l'ordre dans l'emploi des biens de la maison.

Economie domestique: bonne conduite des affaires dans le foyer domestique. Economie politique: bonne conduite des affaires de la grande maison commune, de la nation.

Mais pourquoi «bonne conduite»? Quand est-ce que la conduite des affaires de la petite ou de la grande maison, de la famille ou de la nation, peut être appelée bonne? Lorsqu'elle atteint sa fin.

Une chose est bonne lorsqu'elle donne les résultats pour lesquels elle fut instituée.

L'homme se livre à diverses activités et poursuit diverses fins, dans divers ordres, dans divers domaines.

Il y a, par exemple, les activités normales de l'homme, qui concernent ses rapports avec sa fin dernière. Les activités culturelles concernent son développement intellectuel, l'ornementation de son esprit, la formation de son caractère. Dans ses rapports avec le bien général de la société, l'homme se livre à des activités sociales.

Les activités économiques ont rapport avec la richesse temporelle. Dans ses activités économiques, l'homme poursuit la satisfaction de ses besoins temporels.

Le but, la fin des activités économiques, c'est donc l'adaptation des biens terrestres à la satisfaction des besoins temporels de l'homme. Et l'économique atteint sa fin lorsqu'elle place les biens terrestres au service des besoins humains.

Les besoins temporels de l'homme sont ceux qui l'accompagnent du berceau à la tombe. Il y en a d'essentiels, il y en a de moins nécessaires.

Le système financier actuel est-il le reflet exact de la réalité?

La faim, la soif, les intempéries, la lassitude, la maladie, l'ignorance, créent pour l'homme le besoin de manger, de boire, de se vêtir, de se loger, de se chauffer, de se rafraîchir, de se reposer, de se soigner, de s'instruire. Autant de besoins.

La nourriture, les breuvages, les vêtements, les abris, le bois, le charbon, l'eau, un lit, des remèdes, l'enseignement d'un professeur, des livres — autant de biens pour venir au secours de ces besoins.

Joindre les biens aux besoins — voilà le but, la fin de la vie économique.

Si elle fait cela, la vie économique atteint sa fin. Si elle ne le fait pas ou le fait mal et incomplètement, la vie économique manque sa fin ou ne l'atteint que très imparfaitement.

Joindre les biens aux besoins. Les joindre. Pas seulement les placer en face des uns des autres.

En termes crus, on pourrait donc dire que l'économique est bonne, qu'elle atteint sa fin, lorsqu'elle est assez bien ordonnée pour que la nourriture entre dans l'estomac qui a faim; pour que les vêtements couvrent les épaules qui ont froid; pour que les chaussures viennent sur les pieds qui sont nus; pour qu'un bon feu réchauffe la maison en hiver; pour que les malades reçoivent la visite du médecin; pour que maîtres et élèves se rencontrent.

Voilà le domaine de l'économique. Domaine bien temporel. L'économique a une fin bien à elle: satisfaire les besoins des hommes. Que l'homme puisse manger lorsqu'il a faim: ce n'est pas la fin dernière de l'homme; non, ce n'est qu'un moyen pour mieux tendre à sa fin dernière.

Mais si la fin de l'économique n'est qu'un moyen par rapport à la fin dernière; si ce n'est qu'une fin intermédiaire dans l'ordre général, c'est tout de même une fin propre pour l'économique elle-même.

Et lorsque l'économique atteint cette fin propre, lorsqu'elle permet aux biens de joindre les besoins, elle est parfaite. Ne lui

demandons pas plus. Mais demandons-lui cela. C'est à elle d'accomplir cela.

Morale et économique

Ne demandons pas à l'économique d'atteindre une fin morale, ni à la morale d'atteindre une fin économique. Ce serait aussi désordonné que de vouloir aller de Montréal à Vancouver dans le transpacifique, ou de New-York au Havre en chemin de fer.

Un homme affamé ne passera pas sa faim en disant son chapelet, mais en prenant des aliments. C'est dans l'ordre. C'est le Créateur qui l'a voulu ainsi et il n'y déroge que par miracle, qu'en déviant de l'ordre établi. Lui seul a droit de briser cet ordre. Pour assouvir la faim de l'homme, c'est donc l'économique qui doit intervenir, pas la morale.

Pas plus qu'un homme qui a la conscience souillée ne la purifiera par un bon repas ou par des copieuses libations. C'est le confessionnal qu'il lui faut. C'est à la religion d'intervenir ici: activité morale, non plus activité économique.

Sans doute que la morale doit accompagner tous les actes de l'homme, même dans le domaine économique. Mais pas pour remplacer l'économique. Elle guide dans le choix de l'objectif et veille à la légitimité des moyens; mais elle n'accomplit pas ce que l'économique doit accomplir.

Lors donc que l'économique n'accomplit pas sa fin, lorsque les choses restent dans les magasins ou dans le néant et les besoins dans les maisons, cherchons-en la cause dans l'ordre économique.

Blâmons évidemment ceux qui désorganisent l'ordre économique ou ceux qui, ayant mission de le régir, le laissent dans l'anarchie. Eux, en n'accomplissant pas leur devoir, engagent certainement leur conscience et tombent sous la sanction de la morale.

Comme quoi, si les deux choses sont bien distinctes, il arrive tout de même que les deux concernent le même homme et que, si l'une est immolée, l'autre en souffre. L'homme a le devoir moral de veiller à ce que l'ordre économique, le social temporel, atteigne sa fin propre.

Aussi, bien que l'économique ne soit responsable que de la satisfaction des besoins temporels des hommes, l'importance du bon ordre économique a été maintes fois soulignée par ceux qui ont charge d'âmes. C'est qu'il faut normalement un minimum de biens temporels pour faciliter la pratique de la vertu, comme le rappelle saint Thomas d'Aquin. Nous avons un corps et une âme, des besoins matériels et des besoins spirituels. Comme le dit le proverbe, «ventre affamé n'a point d'oreille»; même les missionnaires dans les pays pauvres doivent tenir compte de ce fait, et ils doivent nourrir les affamés avant de leur prêcher la bonne parole. L'homme a besoin d'un minimum de biens matériels pour accomplir son court pèlerinage sur la terre et sauver son âme, mais le manque d'argent peut causer des situations inhumaines et catastrophiques.

C'est ce qui a amené le Pape Benoît XV à écrire que **«c'est sur le terrain économique que le salut des âmes est en danger».**

Et Pie XI: **«Il est exact de dire que telles sont, actuellement, les conditions de la vie économique et sociale qu'un nombre très considérable d'hommes y trouvent les plus grandes difficultés pour opérer l'oeuvre, seule nécessaire, de leur salut.»** (Encyclique *Quadragesimo anno*.)

C'est le même Pape qui, dans la même encyclique, résume dans cette phrase la fin sociale et bien humaine de l'ordre économique: **«L'ordre économique et social sera sainement constitué et atteindra sa fin alors seulement qu'il procurera à tous et à chacun de ses membres tous les biens que les ressources de la nature et de l'industrie, ainsi que l'organisation vraiment sociale de la vie économique, ont le moyen de leur procurer.»**

TOUS et CHACUN. TOUS les biens que peuvent procurer la nature et l'industrie.

La fin de l'économique est donc la satisfaction des besoins de TOUS les consommateurs. La fin est dans la consommation, la production n'est qu'un moyen.

Faire arrêter l'économique à la production, c'est l'estropier. L'économique ne doit pas financer seulement la production, elle doit financer aussi la consommation. La production est le moyen, la consommation est la fin.

Dans un ordre où la fin gouverne les moyens, c'est l'homme, à titre de consommateur, qui préside à toute l'économie. Et comme tout homme est consommateur, c'est tout homme qui participe à l'orientation de la production et de la distribution des biens.

C'est pour l'homme consommateur qu'existent toutes les activités économiques. Il faut donc que l'homme consommateur ordonne lui-même la production. C'est lui, le consommateur, qui doit passer ses commandes à la production.

Une économie véritablement humaine est sociale, avons-nous dit: elle doit satisfaire TOUS les hommes. Il faut donc que tous les hommes, TOUS et CHACUN, puissent passer leurs commandes à la production, au moins jusqu'à satisfaction de leurs besoins essentiels, tant que la production est en mesure de répondre à ces commandes.

La politique d'une philosophie

Le Crédit Social n'est pas une utopie, mais est basé sur une compréhension juste de la réalité, sur la juste relation entre l'homme et la société dans laquelle il vit. Comme l'a déclaré Clifford Hugh Douglas, le Crédit Social est la politique d'une philosophie.

Une politique, c'est les actions que nous prenons pour atteindre un objectif, et cette politique, ou actes, est basée sur une conception de la réalité ou, en d'autres mots, sur une philosophie.

Le Crédit Social proclame une philosophie qui existe depuis que les hommes vivent en société, mais qui est terriblement ignorée dans la pratique, de nos jours plus que jamais.

Cette philosophie, vieille comme la société, donc vieille comme le genre humain, c'est la philosophie de l'association. L'enseignement social de l'Eglise utiliserait le terme: bien commun.

La philosophie de l'association, c'est donc: L'association pour le bien des associés, de tous les associés, de chaque associé. Le Crédit Social, c'est la philosophie de l'association appliquée à la société en général, à la province, à la nation. La société existe pour l'avantage de tous les membres de la société, de tous et de chacun.

Le Crédit Social, c'est la doctrine de la société à l'avantage de tous les citoyens. C'est pour cela que le Crédit Social est, par définition, l'opposé de tout monopole: monopole économique, monopole politique, monopole du prestige, monopole de la force brutale.

Définissez Crédit Social: La société au service de tous et de chacun de ses membres. La politique au service de tous et de chacun des citoyens. L'économique au service de tous et de chacun des consommateurs.

Définissez maintenant monopole: Exploitation de l'organisation sociale au service de quelques privilégiés. La politique au service de clans appelés partis. L'économique au service de quelques financiers, de quelques entrepreneurs ambitieux et sans scrupules.

Trop souvent, ceux qui condamnent les monopoles s'arrêtent

à des monopoles industriels spécifiés: monopole de l'électricité, monopole du charbon, monopole des huiles, monopole du sucre, etc. Et ils ignorent le plus pernicieux de tous les monopoles dans l'ordre économique: le monopole de l'argent et du crédit; le monopole qui change le progrès du pays en dettes publiques; le monopole qui, par le contrôle du volume de l'argent, règle le niveau de vie des humains sans rapport avec les réalités de la production et les besoins des familles.

Le but du Crédit Social est de «relier à la réalité» ou «exprimer en termes pratiques» dans le monde actuel — surtout le monde de la politique et de l'économique — ces croyances sur la nature de Dieu, de l'homme et de l'univers qui constituent la foi chrétienne — la foi transmise par nos ancêtres, et non pas celle changée et pervertie pour se conformer à la politique ou à l'économie d'aujourd'hui.

L'homme vit en société, dans un monde soumis aux lois de Dieu: les lois de la nature (les lois physiques de la création), et la loi morale donnée par Dieu et inscrite dans le cœur de chaque homme (les Dix Commandements). La connaissance et l'acceptation de ces lois impliquent de reconnaître quelles sont les conséquences lorsqu'on les enfreint.

Accepter les lois de la nature, c'est reconnaître ce qui est une réalité à laquelle nous ne pouvons échapper, et que toute personne, en tant qu'individu ou collectivement en société, est sujette à ces mêmes lois de la nature. Chaque événement qui se produit sur le plan physique est une illustration de l'existence des lois physiques qui régissent l'univers. Par exemple, si un homme saute d'une avion en plein vol, il n'enfreint pas la loi de la gravité... il ne fait que prouver son existence. Cette observation s'applique à toutes les lois.

Ces lois de la nature, créées par Dieu, ne peuvent être abrogées par l'homme, on ne peut leur désobéir ou passer outre aux sanctions qu'entraîne leur violation.

Les chaînes que les individus en société se sont forgées pour eux-mêmes (accords, associations, lois créées par l'homme) sont facultatives, optionnelles, tandis qu'on ne peut échapper aux lois de la nature et à leurs conséquences.

Par exemple, l'argent est un système créé par l'homme, et non pas un système créé par Dieu ou la nature: il peut donc être changé par l'homme. L'équilibre qui existe dans la création de tous les êtres vivants, ce qu'on désigne par le terme «environnement», par contre, ne peut être violé sans conséquences. Si nous produisons des biens sans respecter l'environnement, si nous polluons la planète et gaspillons les ressources qui nous ont été données par Dieu, nous devons obligatoirement en subir les conséquences.

Le crédit social: la confiance qu'on puisse vivre ensemble en société

Geoffrey Dobbs

Dans son pamphlet *Qu'est-ce que le Crédit Social?*, Geoffrey Dobbs écrit: «Le terme "crédit social" (sans majuscules) désigne quelque chose qui existe dans toutes les sociétés, mais à laquelle on n'avait jamais donné de nom auparavant, parce qu'on prenait cette chose pour acquis. Nous prenons conscience de l'existence du "crédit social", du crédit de la société, seulement lorsque nous le perdons.

«Le mot "crédit" est synonyme de foi, ou confiance; ainsi, nous pouvons dire que le crédit est la foi ou confiance qui lie ensemble les membres d'une société — la confiance ou croyance mutuelle dans chaque autre membre de la société, sans laquelle c'est la peur, et non la confiance, qui cimente cette société... Quoique aucune société ne puisse exister sans une certaine sorte de crédit social, ce crédit social, ou confiance en la vie en société, atteint son maximum lorsque la religion chrétienne est pratiquée, et atteint son minimum lorsqu'on nie le christianisme ou qu'on s'en moque.

«Le crédit social est donc un résultat, ou une expression en termes concrets, du vrai christianisme dans la société, un de ses fruits les plus reconnaissables; et c'est le but et la ligne de conduite des créditistes d'augmenter ce crédit social, et de s'efforcer d'empêcher son déclin. Il y a des milliers d'exemples de ce crédit social qu'on tient pour acquis dans la vie de tous les jours. Comment pourrions-nous vivre le moindrement en paix si nous ne pouvons pas faire confiance à nos voisins? Comment pourrions-nous utiliser les routes si nous n'avions pas confiance que les autres automobilistes observent le Code de la route? (Et qu'arrive-t-il lorsqu'ils ne le font pas!)

«A quoi servirait-il de cultiver des fruits ou des légumes dans des jardins ou des fermes si d'autres gens venaient les voler? Comment n'importe quelle activité économique pourrait-elle exister — que ce soit produire, vendre ou acheter — si les gens ne peuvent, en général, compter sur l'honnêteté et des transactions justes? Et qu'arrive-t-il lorsque le concept de mariage chrétien, de famille chrétienne et d'éducation chrétienne des enfants est abandonné? Nous réalisons donc que le christianisme est quelque chose de réel avec des conséquences pratiques terriblement vitales, et que d'aucune manière le christianisme ne se limite à un ensemble d'opinions qui peuvent être choisies par ceux qui y sont intéressés.»

On peut ajouter que sans ce respect du crédit social, des lois régissant la société, toute vie en société deviendrait alors impossible, même en mettant un gendarme ou policier à chaque coin de rue, puisqu'on ne pourrait faire confiance à personne.

Le «discrédit» social

M. Dobbs continue: «Tout comme il existe des créditistes — qui sont conscients de l'être ou qui le sont sans le savoir — essayant de construire le crédit social (la confiance en la vie en société), de même existent d'autres personnes qui essaient de détruire ce crédit social, cette confiance en la vie en société, et qui malheureusement connaissent beaucoup de succès dans cette destruction. Parmi ceux qui détruisent consciemment, on peut compter les communistes et autres révolutionnaires, qui cherchent ouvertement à détruire tous les liens de confiance qui permettent à notre société de fonctionner, cela dans le but de hâter le jour de la révolution... Mais il y a aussi ceux qui détruisent inconsciemment le crédit social, et qui sont responsables, en Occident, des succès de ceux qui détruisent consciemment...

«Pourquoi les usines et fabricants nous refilent-ils tant de produits de pacotille à des prix si exorbitants, et nous amènent-ils à les acheter avec des emballages et de la publicité conçus de manière astucieuse?... Et surtout, pourquoi des millions de travailleurs respectables de toutes classes prennent-ils part dans les grèves, conçues délibérément pour diminuer ou stopper les services à leurs concitoyens?... Qu'est-ce qui peut donc pousser des gens respectables à descendre si bas? Nous savons tous la réponse. Il y a un facteur commun à toutes ces grèves et actes destructeurs: le besoin de plus d'argent pour faire face au coût de la vie de plus en plus élevé.

«J'en arrive donc enfin à la question de l'argent. Certaines personnes pensent que le Crédit Social se résume à une ques-

tion d'argent. Ils ont tort ! Le Crédit Social n'est pas avant tout une question d'argent, mais essentiellement une tentative d'appliquer le christianisme dans les questions sociales, dans la vie en société; et si le système d'argent se trouve être un obstacle à une vie plus chrétienne (et c'est effectivement le cas), alors nous, et tout chrétien, devons nous soucier de ce qu'est la nature de l'argent, et pourquoi l'argent est un obstacle.

«Il existe un urgent besoin que plus de gens examinent de plus près le fonctionnement du système monétaire actuel, quoiqu'il ne soit pas demandé à tout le monde d'être des experts sur ce sujet. Mais lorsque les conséquences du système monétaire actuel sont si abominables, tout le monde doit au moins saisir les grandes lignes de ce qui ne fonctionne pas et doit être corrigé, afin de leur permettre d'agir en conséquence...»

Gouvernements, servez donc le peuple au lieu de service la Haute Finance !

Questions

Après la lecture (et surtout l'étude) de cette leçon, le lecteur devrait être capable de répondre aux questions suivantes (une bonne compréhension du texte implique qu'on peut expliquer ce qu'on a lu dans nos propres mots):

1. Quel est le véritable but de l'économie?

2. La création d'emplois est-elle une fin ou un moyen? Expliquez pourquoi.

3. Quelle est la véritable richesse: l'argent, ou les produits? Expliquez pourquoi.

4. Il a été mentionné que le crédit social est la politique d'une philosophie. Quelle est cette philosophie, et expliquez pourquoi.

5. Donnez des exemples de lois qu'on peut changer et de lois qu'on ne peut pas changer.

6. Comment Geoffrey Dobbs a-t-il défini le crédit social, ou crédit de la société? Donnez des exemples de ce que cela signigie pour le christianisme et dans la vie de tous les jours.

7. Dobbs parle aussi de «discrédit social», de ceux qui détruisent, inconsciemment ou non, le crédit social. Donnez des exemples.

Leçon 1-B

L'encyclique *Caritas in veritate* du Pape Benoît XVI sur le dévelopement humain intégral

(article d'Alain Pilote, paru dans Vers Demain d'août-septembre 2009)

Benoît XVI signant son encyclique

Le 7 juillet 2009, le Vatican rendait publique la troisième lettre encyclique de Benoît XVI, intitulée *Caritas in veritate* (L'amour dans la vérité, d'après les premiers mots en latin de l'encyclique), portant sur «le développement humain intégral dans la charité et la vérité», et publiée à l'occasion du 40e anniversaire de l'encyclique Populorum progressio du Pape Paul VI, sur le développement des peuples. Cette encyclique de Benoît XVI était attendue depuis 2007 (puisque l'encyclique de Paul VI date de 1967), mais comme l'a dit le Saint-Père, il a dû en retarder la sortie pour y faire des ajouts qui tiennent compte de la crise financière actuelle.

Le lendemain, 8 juillet 2009, lors de l'audience du mercredi Place Saint-Pierre, Benoît XVI offrait un résumé de sa nouvelle encyclique, rappelant que l'Église n'offre pas de solutions techniques, mais des principes sur lesquels tout système économique et financier doit être basé pour être véritablement au service de la personne humaine:

«Un avenir meilleur pour tous est possible, si on le fonde sur la redécouverte des valeurs éthiques (morales) fondamentales... Un nouveau programme économique (basé) sur le fondement éthique de la responsabilité devant Dieu et l'être humain comme créature de Dieu, est donc nécessaire.

«L'encyclique ne cherche certes pas à offrir des solutions

techniques aux vastes problématiques sociales du monde actuel - cela n'est pas du ressort du Magistère de l'Eglise (cf. n. 9). Elle rappelle cependant les grands principes qui se révèlent indispensables pour construire le développement humain des prochaines années. Parmi ceux-ci, en premier lieu, se trouve l'attention à la vie de l'homme, considérée comme le centre de tout véritable progrès.»

L'Église laisse aux fidèles le soin d'appliquer le système qui appliquerait le mieux les principes de sa doctrine sociale. Or, à notre connaissance, aucune autre solution n'appliquerait aussi parfaitement la doctrine sociale de l'Église que les propositions financières du Crédit Social de l'ingénieur écossais Clifford Hugh Douglas, telles qu'expliquées par Louis Even dans Vers Demain depuis maintenant 70 ans. (Une commission de neuf théologiens mandatés par les évêques du Québec en 1939 a d'ailleurs conclu que le Crédit Social n'était entaché ni de socialisme ni de communisme, et que tout catholique était libre d'y adhérer et de le propager.)

Dans *Caritas in veritate*, Benoît XVI rappelle le message central de l'encyclique *Populorum progressio* de Paul VI, à savoir que, pour être authentique, le développement **«doit être intégral, c'est-à-dire promouvoir tout homme et tout l'homme.»**

«L'Evangile», dit Benoît XVI dans son audience du mercredi, **«nous rappelle que l'homme ne vit pas seulement de pain: les biens matériels seuls ne suffisent pas à satisfaire la soif profonde de son cœur. L'horizon de l'homme est indubitablement plus élevé et plus vaste; c'est pourquoi chaque programme de développement doit avoir présente, à côté de la croissance matérielle, la croissance spirituelle de la personne humaine, qui est précisément dotée d'une âme et d'un corps. Tel est le développement intégral, auquel fait constamment référence la doctrine sociale de l'Eglise.»**

Pour être véritable, le progrès ne doit pas seulement être économique et technologique, mais aussi moral. L'homme, ayant un corps et une âme, a des besoins matériels et spirituels.

De nombreux articles dans de précédents numéros de Vers Demain ont montré comment la philosophie du Crédit Social mettrait merveilleusement en application les enseignements des Papes. La nouvelle encyclique de Benoît XVI ne fait pas exception, elle aussi contient plusieurs principes qui, à notre connaissance, ne peuvent être appliqués que par le Crédit Social, comme nous pourrons le voir dans les paragraphes suivants.

Redéfinir le but de l'économie

Au paragraphe 32 de la nouvelle encyclique, nous pouvons lire que l'augmentation de la pauvreté dans nos sociétés entraîne **«l'érosion progressive du "capital social", c'est-à-dire de cet ensemble de relations de confiance, de fiabilité, de respect des règles, indispensables à toute coexistence civile... Cela demande une réflexion nouvelle et approfondie sur le sens de l'économie et de ses finalités.»**

Ceux qui ont lu le livre de Louis Even, Sous le Signe de l'Abondance, ou bien les 10 leçons sur le Crédit Social, savent qu'il est important de ne pas confondre fins et moyens. Le but, la fin de l'économie, c'est de faire en sorte que les biens joignent les besoins, c'est-à-dire, non seulement de produire les choses nécessaires à la vie, mais aussi de faire en sorte que ces choses atteignent véritablement les humains qui en ont besoin, et que les produits ne restent pas seulement dans les vitrines, et que les gens meurent de faim. Il s'agit donc de production, puis de distribution. La production abonde aujourd'hui, c'est la distribution qui fait défaut.

Quand le Saint-Père parle de «capital social», de «cet ensemble de relations de confiance, de fiabilité, de respect des règles, indispensables à toute coexistence civile», cela rappelle ces paroles de Geoffrey Dobbs mentionnées dans la leçon 1 du livre «Les propositions financières du Crédit Social expliquées en 10 leçons» (*page 18*):

«Le mot "crédit" est synonyme de foi, ou confiance... le crédit social, c'est donc la confiance qu'on puisse vivre ensemble en société... Comment pourrions-nous vivre le moindrement en paix si nous ne pouvons pas faire confiance à nos voisins? Comment pourrions-nous utiliser les routes si nous n'avions pas confiance que les autres automobilistes observent le Code de la route?... Et qu'arrive-t-il lorsque le concept de mariage chrétien, de famille chrétienne et d'éducation chrétienne des enfants est abandonné?»

Le but de l'économie, ce n'est pas de fournir des emplois, ni de faire des profits, ou la croissance à tout prix (comme le dit Benoît XVI au paragraphe 68: **«le développement économique s'avère factice et nuisible, s'il s'en remet aux "prodiges" de la finance pour soutenir une croissance artificielle liée à une consommation excessive»**); tout cela ne sont que des moyens: le but, c'est la satisfaction des besoins humains, dans le respect de la dignité et de la liberté de la personne humaine. Si les produits peuvent être fabriqués avec moins de labeur humain, par les machines, cela est une bonne chose, car ça donne plus de temps libres aux êtres humains pour se consacrer à d'autres activités (comme s'occuper de leur famille), des activités de leur choix. (Mais cela, à condition de recevoir un revenu pour remplacer le salaire perdu avec l'introduction de la machine; c'est ce que ferait le dividende du Crédit Social.)

Le profit n'est pas la fin ultime, il est un moyen. La fin, le but, c'est la satisfaction des besoins humains. Benoît XVI écrit (n. 21): **«Le profit est utile si, en tant que moyen, il est orienté vers un but qui lui donne un sens relatif aussi bien quant à la façon de le créer que de l'utiliser. La visée exclusive du profit, s'il est produit de façon mauvaise ou s'il n'a pas le bien commun pour but ultime, risque de détruire la richesse et d'engendrer la pauvreté.»**

La finance aussi est un moyen, un instrument, et non une fin: son but est de financer la production et la distribution. La finance aussi doit être soumise aux règles morales: **«Il faut enfin que la finance en tant que telle, avec ses structures et ses modalités de fonctionnement nécessairement renouvelées après le mauvais usage qui en a été fait et qui a eu des conséquences néfastes sur l'économie réelle, redevienne un instrument visant à une meilleure production de richesses et au développement. Toute l'économie et toute la finance, et pas seulement quelques-uns de leurs secteurs, doivent, en tant qu'instruments, être utilisés de manière éthique afin de créer les conditions favorables pour le développement de l'homme et des peuples.»** (*Caritas in veritate*, n. 65.)

Jean-Paul II parlait de systèmes érigés en «structures de péché» («le désir exclusif du profit et la soif du pouvoir dans le but d'imposer aux autres sa propre volonté», cf. encyclique Sollicitudo rei socialis, n. 37), mais ces systèmes sont gérés par des êtres humains, qui ont aussi leurs responsabilités. Benoît XVI ajoute, dans *Caritas in veritate*, que **«le développement est impossible, s'il n'y a pas des hommes droits, des acteurs économiques et des hommes politiques fortement interpellés dans leur conscience par le souci du bien commun... Quand l'absolutisation de la technique prévaut, il y a confusion entre les fins et les moyens: pour l'homme d'affaires, le seul critère d'action sera le profit maximal de la production; pour l'homme politique, le renforcement du pouvoir; pour le scientifique, le résultat de ses découvertes.»** (n. 71.)

Les problèmes actuels

Le Pape continue, en décrivant les problèmes actuels de l'économie et de la société: **«Les forces techniques employées, les**

échanges planétaires, les effets délétères sur l'économie réelle d'une activité financière mal utilisée et, qui plus est, spéculative, les énormes flux migratoires, souvent provoqués et ensuite gérés de façon inappropriée, l'exploitation anarchique des ressources de la terre, nous conduisent aujourd'hui à réfléchir sur les mesures nécessaires pour résoudre des problèmes qui non seulement sont nouveaux par rapport à ceux qu'affrontait le Pape Paul VI, mais qui ont aussi, et surtout, un impact décisif sur le bien présent et futur de l'humanité. (...) La crise nous oblige à reconsidérer notre itinéraire, à nous donner de nouvelles règles et à trouver de nouvelles formes d'engagement, à miser sur les expériences positives et à rejeter celles qui sont négatives. (n.21.)

«Le scandale de disparités criantes demeure. La corruption et le non respect des lois existent malheureusement aussi bien dans le comportement des acteurs économiques et politiques des pays riches, anciens et nouveaux, que dans les pays pauvres (n. 22) ... **Le marché devenu mondial a stimulé avant tout, de la part de pays riches, la recherche de lieux où délocaliser les productions à bas coût dans le but de réduire les prix d'un grand nombre de biens... En conséquence, le marché a encouragé des formes nouvelles de compétition entre les États dans le but d'attirer les centres de production des entreprises étrangères, à travers divers moyens... les politiques d'équilibre budgétaire, avec des coupes dans les dépenses sociales, souvent recommandées par les institutions financières internationales, peuvent laisser les citoyens désarmés face aux risques nouveaux et anciens.»** (n. 25.)

On se bat entre nations pour attirer les fameux emplois, quitte à verser des subventions extravagantes: pour ne prendre qu'un exemple tout récent, il a été calculé que l'aide des gouvernements canadien et ontarien en juin dernier pour sauver General Motors en revient à 1 400 000 dollars par emploi... ça fait cher l'emploi, mais c'est ce qui arrive lorsque le moyen (l'emploi) est plus important que la fin (la satisfaction des besoins humains).

Donner à manger aux affamés

«Dans bien des pays pauvres, l'extrême insécurité vitale, qui est la conséquence des carences alimentaires, demeure et risque de s'aggraver: la faim fauche encore de très nombreuses victimes comme autant de Lazare auxquels il n'est pas permis de s'assoir, comme le souhaitait Paul VI, à la table du mauvais riche. Donner à manger aux affamés (cf. Mt 25, 35.37.42) est un impératif éthique

pour l'Église universelle, qui répond aux enseignements de solidarité et de partage de son Fondateur, le Seigneur Jésus.

«Éliminer la faim dans le monde est devenu une exigence à poursuivre pour sauvegarder la paix et la stabilité de la planète. La faim ne dépend pas tant d'une carence de ressources matérielles, que d'une carence de ressources sociales, la plus importante d'entre elles étant de nature institutionnelle. Il manque en effet une organisation des institutions économiques qui soit en mesure aussi bien de garantir un accès régulier et adapté du point de vue nutritionnel à la nourriture et à l'eau, que de faire face aux nécessités liées aux besoins primaires et aux urgences des véritables crises alimentaires, provoquées par des causes naturelles ou par l'irresponsabilité politique nationale ou internationale.

«Le problème de l'insécurité alimentaire doit être affronté dans une perspective à long terme, en éliminant les causes structurelles qui en sont à l'origine et en promouvant le développement agricole des pays les plus pauvres à travers des investissements en infrastructures rurales, en systèmes d'irrigation, de transport, d'organisation des marchés, en formation et en diffusion des techniques agricoles appropriées, c'est-à-dire susceptibles d'utiliser au mieux les ressources humaines, naturelles et socio-économiques les plus accessibles au niveau local, de façon à garantir aussi leur durabilité sur le long terme.» (n. 27.)

Justice distributive

Comme le fait remarquer le Pape, ce n'est pas la production qui manque («pas une carence de ressources matérielles») mais c'est la distribution qui fait défaut, il faut donc avoir recours à la «justice distributive», à la distribution par un dividende:

«La doctrine sociale de l'Église n'a jamais cessé de mettre en évidence l'importance de la justice distributive et de la justice sociale pour l'économie de marché (n. 35) ... **La vie économique a sans aucun doute besoin du contrat (les salaires en échange du travail fourni) pour réglementer les relations d'échange entre valeurs équivalentes. Mais elle a tout autant besoin de lois justes et de formes de redistribution guidées par la politique, ainsi que d'œuvres qui soient marquées par l'esprit du don.»** (n. 37)

Ceux qui ont étudié le Crédit Social savent que les salaires ne suffisent pas pour acheter toute la production et, de plus, que ce n'est pas tout le monde qui est employé dans la production (entre autres, grâce aux machines qui remplacent le labeur humain).

C'est la raison pour laquelle le Crédit Social propose un dividende à chaque être humain (en plus des salaires à ceux qui travaillent), puisque chaque être humain est véritablement copropriétaire, cohéritier des deux plus grands facteurs de production: les richesses naturelles (le soleil, l'eau, la pluie, le vent, les minéraux, dons de Dieu pour tous les hommes), et le progrès, l'héritage des inventions des générations passées.

Dans *Caritas in veritate*, Benoît XVI insiste beaucoup sur l'économie de don, l'économie de gratuité, tant au niveau des personnes que des institutions. Tout ne peut être calculé en salaires, beaucoup de bien peut être fait par le bénévolat. Dans un système de Crédit Social, les citoyens ayant la sécurité économique garantie par le dividende, l'entraide et le bénévolat croîtraient tout naturellement. Dieu Lui-même nous comble de gratuités avec les ressources naturelles et la nourriture qu'Il donne en abondance: le dividende serait le reflet de cette générosité, de ces gratuités de Dieu.

Karl Marx prétendait que le travail créait toute la richesse. Adam Smith disait que le capital (celui qui investit de l'argent dans une entreprise) avait aussi sa part. Mais tous deux ignorent ce que Douglas appelle «l'héritage culturel», ce fameux héritage des ressources naturelles et des inventions, responsable de plus de 90% de la production du pays. Jean-Paul II écrivait en 1981 dans son Encyclique *Laborem exercens*, sur le travail humain (n. 13):

«L'homme, par son travail, hérite d'un double patrimoine: il hérite d'une part de ce qui est donné à tous les hommes, sous forme de ressources naturelles et, d'autre part, de ce que tous les autres ont déjà élaboré à partir de ces ressources, en réalisant un ensemble d'instruments de travail toujours plus parfaits. Tout en travaillant, l'homme hérite du travail d'autrui.»

Benoît XVI parle ainsi de la technique dans sa nouvelle encyclique (n. 69): **«La technique permet de dominer la matière, de réduire les risques, d'économiser ses forces et d'améliorer les conditions de vie... La technique s'inscrit donc dans la mission de cultiver et de garder la terre (cf. Gn 2, 15) que Dieu a confiée à l'homme, et elle doit tendre à renforcer l'alliance entre l'être humain et l'environnement appelé à être le reflet de l'amour créateur de Dieu.»**

Le Souverain Pontife ajoute que, comme toute activité humaine, la technique doit être soumise à la morale, surtout dans le domaine de la biotechnologie (la fécondation in vitro, la recherche sur les embryons, la possibilité du clonage humain) où le danger de manipulation de la vie humaine est omniprésent, **«où émerge avec une force dramatique la question fondamentale de savoir si l'homme s'est produit lui-même ou s'il dépend de Dieu»** (n. 74).

Le pillage des ressources

Au paragraphe 49 de *Caritas in veritate*, Benoît XVI parle de **«l'accaparement des ressources énergétiques non renouvelables par certains États, groupes de pouvoir ou entreprises, (qui) constitue un grave obstacle au développement des pays pauvres. Ceux-ci n'ont pas les ressources économiques nécessaires pour accéder aux sources énergétiques non renouvelables existantes ni pour financer la recherche de nouvelles sources alternatives. L'accaparement des ressources naturelles qui, dans de nombreux cas, se trouvent précisément dans les pays pauvres, engendre l'exploitation et de fréquents conflits entre nations ou à l'intérieur de celles-ci. Ces conflits se déroulent souvent sur le territoire même de ces pays, entraînant de lourdes conséquences: morts, destructions et autres dommages. La communauté internationale a le devoir impératif de trouver les voies institutionnelles pour réglementer l'exploitation des ressources non renouvelables, en accord avec les pays pauvres, afin de planifier ensemble l'avenir.»**

Un exemple qui vient tout de suite à l'esprit, c'est celui de la République démocratique du Congo (RDC, ou ancien Zaïre). L'Afrique est le continent martyr du monde moderne, et la RDC en est le coeur saignant. Chaque mois, 45 000 Congolais meurent de la guerre. La Mission des Nations Unies (20 000 employés et 1 milliard $ de budget par année) observe et compte les morts, sans intervenir (ce qui amène les évêques de la RDC à dire «On n'a pas besoin de l'ONU pour compter nos morts», surtout si ça coûte un milliard de dollars...).

Ces guerres en République démocratique du Congo, qui ont fait déjà plus de 10 millions de morts depuis 1994, lancées par des rebelles avec le soutien du Rwanda, de l'Ouganda et du Burundi voisins, cachent le pillage des minerais (coltan, métal magique de la téléphonie cellulaire, diamant, cobalt, or, cuivre) et d'autres ressources au profit des firmes multinationales. Les exportations minières congolaises tournent autour de 3 milliards de dollars par an, mais les minerais pillés en valent au moins le double, alors que 75 % des Congolais vivent sous le seuil de pauvreté, avec moins d'un dollar par jour.

Le Pape ajoute **«qu'il est possible d'améliorer aujourd'hui la**

productivité énergétique et qu'il est possible, en même temps, de faire progresser la recherche d'énergies alternatives.» Par exemple, dans le documentaire Home du photographe et cinéaste Yann Arthus-Bertrand, présenté dans plus de 130 pays lors de la journée mondiale de l'environnement, le 5 juin 2009, on y explique, entre autres:

«Le soleil est la première source d'énergie de la terre; ce que le végétal a fait en capturant son énergie (par la photosynthèse), les hommes ne peuvent-ils le faire? En une heure, le soleil donne à la terre l'Énergie consommée par toute l'humanité en un an. Tant que la terre existe, l'énergie du soleil est inépuisable. Il suffit de cesser de fouiller le sol (pour y extraire le pétrole et autres sources d'énergie non-renouvelables polluantes) et de lever les yeux vers le ciel» (au sens propre comme au sens figuré, pourrait-on ajouter). Les technologies alternatives existent, à des coûts dérisoires (comme le soleil, qu'aucune multinationale ne peut contrôler), mais ce sont de puissantes forces financières qui imposent encore l'usage du pétrole.

Le vrai problème: la dénatalité

Pendant de nombreuses années on a entendu de soi-disant experts prétendre qu'il y avait trop de monde sur la planète, qu'il n'y avait pas assez de ressources pour faire vivre tout ce monde, et qu'il fallait recourir à l'avortement, la contraception (et les guerres, épidémies et famines donnant un coup de main aussi) pour réduire drastiquement la population. (Plusieurs pays développés attachent d'ailleurs comme condition à leur aide aux pays en voie de développement l'imposition de l'avortement et des moyens artificiels de contraception.) Benoît XVI détruit ce mythe malthusien en déclarant que le véritable problème aujourd'hui dans le monde, ce n'est pas la surpopulation, mais la dénatalité, ou ce que certains appellent «l'hiver démographique» (n. 44):

«Considérer l'augmentation de la population comme la cause première du sous-développement est incorrect, même du point de vue économique: il suffit de penser d'une part à l'importante diminution de la mortalité infantile et à l'allongement moyen de la vie qu'on enregistre dans les pays économiquement développés, et d'autre part, aux signes de crises qu'on relève dans les sociétés où l'on enregistre une baisse préoccupante de la natalité. (...)

«L'ouverture moralement responsable à la vie est une richesse sociale et économique. De grandes nations ont pu sortir de la

misère grâce potentialités. En revanche, des nations, un temps prospères, connaissent à présent une phase d'incertitude et, dans certains cas, de déclin à cause de la dénatalité qui est un problème crucial pour les sociétés de bien-être avancé. La diminution des naissances, parfois au-dessous du fameux "seuil de renouvellement", met aussi en difficulté les systèmes d'assistance sociale, elle en augmente les coûts, réduit le volume de l'épargne et, donc, les ressources financières nécessaires aux investissements, elle réduit la disponibilité d'une main-d'œuvre qualifiée, elle restreint la réserve des "cerveaux" utiles pour les besoins de la nation...

«Ce sont des situations symptomatiques d'une faible confiance en l'avenir ainsi que d'une lassitude morale. Continuer à proposer aux nouvelles générations la beauté de la famille et du mariage, la correspondance de ces institutions aux exigences les plus profondes du cœur et de la dignité de la personne devient ainsi une nécessité sociale, et même économique. Dans cette perspective, les États sont appelés à mettre en œuvre des politiques qui promeuvent le caractère central et l'intégrité de la famille, fondée sur le mariage entre un homme et une femme, cellule première et vitale de la société, prenant en compte ses problèmes économiques et fiscaux, dans le respect de sa nature relationnelle.»

Ajoutons que sous un système de Crédit Social, l'arrivée d'un nouvel enfant dans la famille ne serait pas un fardeau financier, puisque ce nouveau-né recevrait lui aussi son dividende, en tant que nouveau co-actionnaire des richesses du pays, ce qui augmenterait d'autant le revenu familial.

L'environnement

Une autre préoccupation de plus en plus actuelle, c'est l'environnement, l'équilibre écologique de la planète qui est menacé par la pollution et le gaspillage des ressources — problèmes qui, comme le savent les étudiants assidus du Crédit Social, sont directement causés par le système financier actuel qui entraîne, entre autres, la création de besoins inutiles, pour créer des emplois qui ne sont pas vraiment nécessaires. Douglas a fait remarquer avec justesse qu'une fois leurs besoins essentiels assurés, la plupart des gens se contenteraient d'un style de vie beaucoup plus simple, ce qui réduirait de beaucoup la destruction de l'environnement. Bien entendu, le Pape Benoît XVI n'oublie pas cette question de l'environnement dans sa nouvelle encyclique (n. 48):

«Le thème du développement est aussi aujourd'hui fortement

lié aux devoirs qu'engendre le rapport de l'homme avec l'environnement naturel. Celui-ci a été donné à tous par Dieu et son usage représente pour nous une responsabilité à l'égard des pauvres, des générations à venir et de l'humanité tout entière. Si la nature, et en premier lieu l'être humain, sont considérés comme le fruit du hasard ou du déterminisme de l'évolution, la conscience de la responsabilité s'atténue dans les esprits. Dans la nature, le croyant reconnaît le merveilleux résultat de l'intervention créatrice de Dieu, dont l'homme peut user pour satisfaire ses besoins légitimes — matériels et immatériels — dans le respect des équilibres propres à la réalité créée. Si cette vision se perd, l'homme finit soit par considérer la nature comme une réalité intouchable, soit, au contraire, par en abuser. Ces deux attitudes ne sont pas conformes à la vision chrétienne de la nature, fruit de la création de Dieu... La nature est à notre disposition non pas comme "un tas de choses répandues au hasard", mais au contraire comme un don du Créateur qui en a indiqué les lois intrinsèques afin que l'homme en tire les orientations nécessaires pour "la garder et la cultiver" (Gn 2, 15)...

«Il y a de la place pour tous sur la terre: la famille humaine tout entière doit y trouver les ressources nécessaires pour vivre correctement grâce à la nature elle-même, don de Dieu à ses enfants, et par l'effort de son travail et de sa créativité. Nous devons cependant avoir conscience du grave devoir que nous avons de laisser la terre aux nouvelles générations dans un état tel qu'elles puissent elles aussi l'habiter décemment et continuer à la cultiver... L'une des plus importantes tâches de l'économie est précisément l'utilisation la plus efficace des ressources, et non leur abus.» (n. 50)

Sauver la nature, les animaux, les bébés phoques, c'est bien, mais sauver les êtres humains, c'est encore plus important. Benoît XVI explique: **«Considérer la nature comme plus importante que la personne humaine elle-même est contraire au véritable développement. Cette position conduit à des attitudes néo-païennes** (faire de la terre une déesse, Gaïa la terre-mère)... **Par ailleurs, la position inverse... est également à rejeter car le milieu naturel n'est pas seulement un matériau dont nous pouvons disposer à notre guise, mais c'est l'œuvre admirable du Créateur, portant en soi une «grammaire» qui indique une finalité et des critères pour qu'il soit utilisé avec sagesse et non pas exploité de manière arbitraire.»** (n. 48)

A ce sujet, Jean-Paul II écrivait dans son encyclique *Centesimus annus* (n. 38): **«En dehors de la destruction irrationnelle du milieu naturel, il faut rappeler ici la destruction encore plus grave du milieu humain, à laquelle on est cependant loin d'accorder l'attention voulue. Alors que l'on se préoccupe à juste titre, même si on est bien loin de ce qui serait nécessaire, de sauvegarder les habitats naturels des différentes espèces animales menacées d'extinction, parce qu'on se rend compte que chacune d'elles apporte sa contribution particulière à l'équilibre général de la terre, on s'engage trop peu dans la sauvegarde des conditions morales d'une "écologie humaine" authentique.»**

La famille fondée sur le mariage

S'il existe des lois à respecter pour conserver l'équilibre de la nature, il existe aussi des lois à respecter (qui elles aussi ont été données par Dieu) pour conserver l'équilibre de l'environnement humain, en commençant par le respect de la famille, fondée sur le mariage entre un homme et une femme. Benoît XVI développe ce point dans son encyclique (n. 51):

«Si le droit à la vie et à la mort naturelle n'est pas respecté, si la conception, la gestation et la naissance de l'homme sont rendues artificielles, si des embryons humains sont sacrifiés pour la recherche, la conscience commune finit par perdre le concept d'écologie humaine et, avec lui, celui d'écologie environnementale. Exiger des nouvelles générations le respect du milieu naturel devient une contradiction, quand l'éducation et les lois ne les aident pas à se respecter elles-mêmes. Le livre de la nature est unique et indivisible, qu'il s'agisse de l'environnement comme de la vie, du mariage, de la famille, des relations sociales, en un mot du développement humain intégral. Les devoirs que nous avons vis-à-vis de l'environnement sont liés aux devoirs que nous avons envers la personne considérée en elle-même et dans sa relation avec les autres.»

Dans sa première encyclique, *Deus caritas est* (Dieu est amour, n. 25-26), Benoît XVI écrivait: **«L'Église est la famille de Dieu dans le monde. Dans cette famille, personne ne doit souffrir par manque du nécessaire... Le but d'un ordre social juste consiste à garantir à chacun, dans le respect du principe de subsidiarité, sa part du bien commun.»**

Benoît XVI conclut que pour pouvoir changer le monde et le rendre conforme à la volonté de Dieu, pour mettre fin au scandale de la pauvreté et de la faim dans le monde, nous devons prendre conscience que nous sommes tous des enfants de Dieu, des fils du même Père, que l'amour de Dieu doit nécessairement être accompagné de l'amour du prochain (n. 78):

«Sans Dieu, l'homme ne sait où aller et ne parvient même pas à comprendre qui il est. Face aux énormes problèmes du développement des peuples qui nous pousseraient presque au découragement et au défaitisme, la parole du Seigneur Jésus Christ vient à notre aide en nous rendant conscients de ce fait que: "Sans moi, vous ne pouvez rien faire" (Jn 15, 5); elle nous encourage: "Je suis avec vous tous les jours jusqu'à la fin du monde" (Mt 28, 20)... C'est la conscience de l'Amour indestructible de Dieu qui nous soutient dans l'engagement, rude et exaltant, en faveur de la justice, du développement des peuples avec ses succès et ses échecs, dans la poursuite incessante d'un juste ordonnancement des réalités humaines.»

Le Pape n'est pas pour un gouvernement mondial

La plupart des journaux et autres médias d'information n'ont retenu qu'une seule phrase de la nouvelle encyclique de Benoît XVI, et titrent en grosses lettres: Le Pape est pour une «autorité politique mondiale», ou même un «gouvernement mondial». En réalité, si on lit clairement l'encyclique, Benoît XVI parle directement contre un tel gouvernement mondial qui abolirait tous les États nationaux.

Le paragraphe de l'encyclique qui, cité hors contexte, peut laisser un certain doute, se lit comme suit (n. 67): «Pour le gouvernement de l'économie mondiale, pour assainir les économies frappées par la crise, pour prévenir son aggravation et de plus grands déséquilibres, pour procéder à un souhaitable désarmement intégral, pour arriver à la sécurité alimentaire et à la paix, pour assurer la protection de l'environnement et pour réguler les flux migratoires, il est urgent que soit mise en place une véritable ***Autorité politique mondiale*** telle qu'elle a déjà été esquissée par mon Prédécesseur, le bienheureux Jean XXIII».

Cependant, au paragraphe 41, le Saint-Père explique ce concept d'«autorité politique mondiale» qui, loin d'abolir l'État-nation, renforcit plutôt le rôle des États: « Ainsi doit-on promouvoir une autorité politique répartie et active sur plusieurs plans. L'économie intégrée de notre époque ***n'élimine pas le rôle des États***, elle engage plutôt les gouvernements à une plus forte collaboration réciproque. La sagesse et la prudence nous suggèrent de ***ne pas proclamer trop hâtivement la fin de l'État*** (comme certaines groupes financiers occultes le souhaiteraient). Lié à la solution de la crise actuelle, son rôle semble destiné à croître, tandis qu'il récupère nombre de ses compétences. Il y a aussi des nations pour lesquelles la construction ou la reconstruction de l'État continue d'être un élément clé de leur développement.»

Plus loin dans l'encyclique, au paragraphe 57, Benoît XVI explique justement qu'un gouvernement mondial unique avec un seul dirigeant serait dangereux et totalitaire, et il oppose à la centralisation extrême son contraire, la décentralisation, ou subsidiarité (un principe de la doctrine sociale de l'Église qui enseigne que les niveaux supérieurs de gouvernements ne doivent pas faire ce que les niveaux inférieurs, plus près de l'individu, peuvent faire):

«Pour ne pas engendrer un dangereux pouvoir universel de type monocratique, la " gouvernance" de la mondialisation doit être de nature subsidiaire, articulée à de multiples niveaux et sur divers plans qui collaborent entre eux. La mondialisation réclame certainement une autorité, puisque est en jeu le problème du bien commun qu'il faut poursuivre ensemble; cependant cette autorité devra être exercée de manière subsidiaire et polyarchique pour, d'une part, ne pas porter atteinte à la liberté et, d'autre part, être concrètement efficace.»

Pour ne pas être malhonnêtes, et sembler faire dire au Pape ce qu'en réalité il n'a pas dit, les médias qui ont rapporté la nouvelle auraient dû citer le paragraphe 67 en entier, dès le début: «Face au développement irrésistible de l'interdépendance mondiale, et alors que nous sommes en présence d'une récession également mondiale, **l'urgence de la réforme de l'Organisation des Nations Unies comme celle de l'architecture économique et financière internationale** en vue de donner une réalité concrète au concept de **famille des Nations**, trouve un large écho».

L'autorité mondiale ayant besoin de réforme, dont parlait Jean XXIII dans *Pacem in terris* et Paul VI dans *Populorum progressio*, ce sont les Nations-Unies. Il ne s'agit pas de transformer les Nations-Unies en un gouvernement mondial qui élimine les États-nations, mais bien de créer un lieu de rencontre international qui respecte le concept de «famille des nations», chaque pays continuant d'exister et de conserver sa souveraineté.

Concluons cet article avec ces paroles de Paul VI, tirées de son encyclique *Populorum progressio* (nn. 75 et 86):

«Plus que quiconque, celui qui est animé d'une vraie charité est ingénieux à découvrir les causes de la misère, à trouver les moyens de la combattre, à la vaincre résolument. Faiseur de paix, il poursuivra son chemin, allumant la joie et versant la lumière et la grâce au coeur des hommes sur toute la surface de la terre, leur faisant découvrir, par-delà toutes les frontières, des visages de frères, des visages d'amis... Vous tous qui avez entendu l'appel des peuples souffrants, vous tous qui travaillez à y répondre, vous êtes les apôtres du bon et vrai développement qui n'est pas la richesse égoïste et aimée pour elle-même, mais l'économie au service de l'homme, le pain quotidien distribué à tous, comme source de fraternité et signe de la Providence.»

Alain Pilote

L'auteur de cet article, Alain Pilote (à gauche, avec le béret blanc) salue le Saint-Père lors de l'audience générale place Saint-Pierre le 1er avril 2009.

Questions

Après la lecture de cette leçon, le lecteur devrait être capable de répondre aux questions suivantes:

1. Le rôle de l'Église est-il d'offrir une solution technique? Expliquez.

2. Dans son encyclique *Populorum progressio*, quelle expression Paul VI utilise-t-il pour parler de développement humain intégral? Que signifie cette expression?

3. Jean-Paul II parle de «structures de péchés» qui peuvent être résumées en deux points. Lesquels?

4. Benoît XVI parle d'une économie de don. Pouvez-vous donner des exemples de gratuité dans le monde actuel?

5. Douglas parle d'un «héritage culturel» basé sur deux points. Lesquels?

6. Lequel des deux points suivants est un problème: la surpopulation ou la dénatalité? Expliquez.

7. Le Pape Benoît XVI est-il pour un gouvernement mondial? Expliquez.

(Note: Il sera aussi question de l'environnement dans la leçon 5, et de la doctrine sociale de l'Église dans les leçons 9 et 10).

Leçon 2:
La pauvreté en face de l'abondance
La naissance et la mort de l'argent

Les biens existent-ils? Existent-ils en quantité suffisante pour satisfaire tous les besoins premiers des consommateurs?

Manque-t-il quelque chose dans notre pays pour satisfaire les besoins temporels des citoyens? Manque-t-il de la nourriture pour que tout le monde mange à sa faim? Manque-t-il des chaussures? des vêtements? Ne peut-on pas en faire autant qu'il en faut? Manque-t-il des chemins de fer et d'autres moyens de transport? Manque-t-il du bois ou de la pierre pour construire de bonnes maisons pour toutes les familles? Sont-ce les constructeurs, les fabricants et autres ouvriers qui manquent? Sont-ce les machines qui manquent?

Mais on a de tout cela, et de reste. Les magasins ne se plaignent jamais de ne pas trouver ce qu'il faut pour mettre en vente. Les élévateurs sont pleins à craquer. Les hommes valides qui attendent du travail sont nombreux. Nombreuses aussi les machines arrêtées.

Pourtant, que de monde souffre! Les choses n'entrent pas dans les maisons.

Des entrepôts pleins, une calamité pour les producteurs, des millions d'êtres humains crèvent de faim devant ces entrepôts pleins.

A quoi sert de dire aux hommes et aux femmes que leur pays est riche, qu'il exporte beaucoup de produits, qu'il est le troisième ou quatrième pays au monde pour l'exportation?

Ce qui sort du pays n'entre pas dans les maisons des citoyens. Ce qui reste dans les magasins ne vient pas sur leur table.

La femme ne nourrit pas ses enfants, ne les chausse pas, ne les habille pas, en contemplant les vitrines, en lisant les annonces de produits dans les journaux, en entendant la description de beaux produits à la radio, en écoutant les boniments des innombrables agents de vente de toutes sortes.

C'est le droit d'avoir ces produits qui manque. On ne peut pas les voler. Pour les obtenir, il faut payer, il faut avoir de l'argent.

Il y a beaucoup de bonnes choses au pays, mais le droit à ces choses, la permission de les obtenir manque à bien des personnes et des familles qui en ont besoin.

Manque-t-il autre chose que l'argent? Qu'est-ce qui manque, à part du pouvoir d'achat pour faire les produits passer des magasins aux maisons?

L'humanité a passé par des périodes de disette; des famines couvraient de grands pays et l'on manquait des moyens de transport appropriés pour amener vers ces pays les richesses d'autres sections de la planète.

Ce n'est plus le cas aujourd'hui. L'abondance nous déborde. C'est elle — non plus la rareté — qui crée le problème.

Il n'est nullement besoin d'entrer dans les détails pour démontrer ce fait. Nullement besoin de citer les cas de destruction volontaire, sur grande échelle, pour «assainir les marchés» en faisant disparaître les stocks. Ne donnons ici que quelques exemples:

Le quotidien «La Presse» de Montréal du 7 juin 1986 rapportait le cas des patates du Nouveau-Brunswick: «Le mois dernier... le gouvernement fédéral décidait de jeter près de 100 000 tonnes de pommes de terre, après en avoir envoyé 2 500 tonnes déshydratées dans deux pays africains.

«La mobilisation générale de fermiers du Nouveau-Brunswick, de compagnies de transport et de bénévoles a permis d'en sauver près de 180 000 kilos qui ont pris le chemin des soupes populaires et des petits centres d'hébergement du Nouveau-Brunswick, de Toronto, d'Ottawa, de Montréal. Mais 90 000 tonnes, l'équivalent d'un sac de 10 livres (4,5 kg) de patates pour chaque Canadien, se sont retrouvées dans les poubelles... La même semaine que l'opération des patates avait lieu, 6 000 barils de 200 livres (90 kg) de harengs étaient rejetés dans la rivière Miramichi au Nouveau-Brunswick.»

L'abondance ne se limite pas au Canada, c'est le cas de l'Europe aussi, tel que rapporté dans les journaux en octobre 1986, sous le titre «Les affamés du monde pas consultés»:

«L'outrage public a explosé au sujet du projet de la Communauté Économique Européenne (CEE) de brûler ou jeter dans l'océan l'énorme surplus de montagnes de beurre, de lait en poudre, de boeuf et de blé s'accumulant parmi les nations de la CEE. Un rapport des quartiers généraux de la CEE à Bruxelles par la Commission européenne recommande la destruction de la nourriture qui est en train de pourrir, et très coûteuse à entreposer. On dit qu'une économie de 300 millions $ U.S. est possible si les produits laitiers seulement étaient détruits. La CEE pratique déjà périodiquement des déversements de nourriture à la mer. L'année dernière, elle a déversé dans l'océan plusieurs centaines de tonnes de blé qui se détérioraient. Il est proposé d'éliminer la moitié des surplus actuels. On croit que cela signifierait brûler 750 000 tonnes de beurre et 500 000 tonnes de lait en poudre. Les quotas sur le lait n'ont pas réussi à assécher le lac de lait de la CEE.»

Pourquoi tout ce gaspillage? Pourquoi les produits ne joignent-ils pas les besoins? C'est parce que les gens n'ont pas d'argent. L'argent est important dans le monde actuel non pas parce qu'il est la richesse, mais parce que la richesse n'est pas distribuée sans argent. La richesse, les biens utiles, vous rient au nez et vous crevez de faim devant des greniers pleins à craquer, si vous n'avez pas d'argent. Pas d'argent, pas de produits: l'homme mourra de faim, et les produits seront jetés.

Sommes-nous plus intelligents que les singes?

Regardez la caricature ci-contre: Un magasin rempli de bonnes choses. L'abondance. En face du magasin un homme affamé. La privation. Les bonnes choses sont faites pour être consommées. Le marchand les étale pour les vendre. Le consommateur voudrait les acheter. Mais, la permission de les acheter lui manque. Il n'a pas d'argent. Résultat: les bonnes choses ne seront pas consommées, mais pourriront à l'étalage. Pourtant, tout le monde serait content s'il en était autrement. Le marchand serait content de vendre. Le consommateur serait content d'acheter. Pourquoi donc une chose qui ferait le bonheur de tous ne se réalise-t-elle pas chez les hommes ?

Regardons plutôt les singes. Ils voient l'abondance dans les arbres. Ils ont besoin de ces choses pour vivre. Ils s'en servent tout simplement.

Et pourtant les singes n'ont jamais élaboré, dans leurs universités, de savants systèmes économiques. Dans leurs têtes de singes, ils n'ont jamais raisonné sur la loi de l'offre et de la demande, ni sur la différence entre le communisme et le néo-libéralisme. Ils se sont vus en face de bonnes choses pour eux, et ont trouvé la raison suffisante pour ne pas crever de faim.

Mais un singe, est un singe, et un homme est un homme. Le premier n'a pas d'esprit. Le second peut abuser de l'esprit qu'il a. Le singe se dirige par son instinct, qui ne le trompe pas. L'homme se dirige par son esprit, souvent désaxé par l'orgueil. Alors, l'homme ergote, fait de la dialectique, mais oublie le raisonnement pur et simple basé sur le bon sens.

Certes, cette grande sottise de multitudes affamées, au milieu de l'abondance de richesses, est causée par la cupidité de ceux qui établissent le pouvoir sur l'esclavage des masses. Mais, on peut dire aussi que cette sottise est défendue et maintenue en place par des soi-disant savants en économie qui conduisent les esprits aux conclusions les plus bêtes en ayant l'air de raisonner avec science et sagesse.

Toute cette situation absurde peut se résumer sous forme d'histoire, mais qui porte une conclusion très sérieuse: Un groupe de singes dans la jungle discutaient entre eux pour savoir si les hommes étaient plus intelligents que les singes. Certains disaient que oui, d'autres non. L'un des singes s'écria: «Pour en avoir le cœur net, je vais aller faire un tour en ville chez les humains, et voir s'ils sont vraiment plus intelligents que nous.» Tous les singes acceptèrent sa proposition. Alors le singe se rendit en ville, et vit un homme sans le sou crever de faim devant un magasin rempli de bananes. Le singe retourna dans la jungle, et dit aux autres singes: «Ne vous inquiétez pas, les hommes ne sont pas plus intelligents que nous; ils crèvent de faim devant des bananes qui pourrissent sur les tablettes, par manque d'argent.»

Conclusion: de grâce, soyons plus intelligents que les singes, et concevons un système d'argent qui nous permettra de manger les bananes et tous les autres produits qui sont donnés en abondance par Dieu à tous ses enfants de la terre. Un tel système d'argent existe, c'est le Crédit Social.

Argent et richesse

Nous venons de voir que ce qui manque, ce ne sont pas les produits, mais l'argent. Cela ne veut pas dire que c'est l'argent qui est la richesse. L'argent n'est pas le bien terrestre capable de satisfaire le besoin temporel.

On ne se nourrit pas en mangeant de l'argent. Pour s'habiller, on ne coud pas ensemble des dollars pour s'en faire une robe ou des bas. On ne se repose pas en s'étendant sur de l'argent. On ne se guérit pas en plaçant de l'argent sur le siège du mal. On ne s'instruit pas en se couronnant la tête d'argent.

L'argent n'est pas la richesse. La richesse, ce sont les choses utiles qui correspondent à des besoins humains.

Le pain, la viande, le poisson, le coton, le bois, le charbon, une auto sur une bonne route, la visite d'un médecin au malade, la science du professeur — voilà des richesses.

Mais, dans notre monde moderne, chaque personne ne fait pas toutes les choses. Il faut acheter les uns des autres. L'argent est le signe qu'on reçoit en échange d'une chose qu'on vend; c'est le signe qu'il faut passer en échange d'une chose qu'on veut avoir d'un autre.

La richesse est la chose; l'argent est le signe. Le signe doit aller d'après la chose.

S'il y a beaucoup de choses à vendre dans un pays, il y faut beaucoup d'argent pour en disposer. Plus il y a de monde et de choses, plus il faut d'argent en circulation, ou bien tout arrête.

C'est cet équilibre-là qui fait défaut aujourd'hui. Les choses, on en a à peu près autant qu'on veut en faire, grâce à la science appliquée, aux découvertes, aux machines perfectionnées. On a même un tas de monde à ne rien faire, ce qui représente des choses possibles. On a un tas d'occupations inutiles, nuisibles même. On a des activités employées à la destruction.

Pourquoi l'argent, établi pour écouler les produits, ne se trouve-t-il pas dans les mains du monde en rapport avec les produits?

L'argent naît quelque part

Tout a un commencement, excepté Dieu. L'argent n'est pas le bon Dieu, il a donc un commencement. L'argent commence quelque part. On sait où commencent les choses utiles, la nourriture, les habits, les chaussures, les livres. Les travailleurs, les machines, plus les ressources naturelles du pays, font naître la richesse, les biens dont nous avons besoin et qui ne manquent pas.

Mais où commence l'argent, l'argent qui nous manque pour avoir les biens qui ne manquent pas?

La première idée qu'on entretient, sans trop s'en rendre compte, c'est qu'il y a une quantité stable d'argent, et qu'on ne peut pas changer ça: comme si c'était le soleil ou la pluie, ou la température. Idée fausse: s'il y a de l'argent, c'est qu'il est fait quelque part. S'il n'y en a pas plus, c'est que ceux qui le font n'en font pas plus.

Deuxième idée: quand on se pose la question, on pense que c'est le gouvernement qui fait l'argent. C'est encore faux. Le gouvernement aujourd'hui ne fait pas d'argent et se plaint continuellement de n'en avoir pas. S'il en faisait, il ne se croiserait pas les bras dix ans en face du manque d'argent. (Et le Canada n'aurait pas une dette de 500 milliards de dollars.) Le gouvernement taxe et emprunte, mais ne fait pas l'argent.

Nous allons expliquer où commence et où finit l'argent. Ceux qui tiennent le contrôle de la naissance et le contrôle de la mort de l'argent règlent son volume. S'ils en font beaucoup et en détruisent peu, il y en a davantage. Si la destruction va plus vite que la fabrication, sa quantité diminue.

Notre niveau de vie, dans un pays où l'argent manque, est réglé non pas par les choses, mais par l'argent dont on dispose pour acheter les choses. Ceux qui règlent le niveau de l'argent règlent donc notre niveau de vie.

«Ceux qui contrôlent l'argent et le crédit sont devenus les maîtres de nos vies... sans leur permission nul ne peut plus respirer.» (Pie XI, encyclique *Quadragesimo anno*).

Deux sortes d'argent

L'argent, c'est tout ce qui sert à payer, à acheter; ce qui est accepté par tout le monde dans un pays en échange de choses ou de services. La matière dont l'argent est fait n'a pas d'importance. L'argent a déjà été des coquillages, du cuir, du bois, du fer, de l'argent blanc, de l'or, du cuivre, du papier, etc.

Exemples d'argent dans le passé

Les cauris comptent parmi les premières formes de monnaie. Ces coquillages déjà utilisés par les Chinois comme monnaie d'échange il y a plus de 3,500 ans, et dans certaines régions du monde, remplissaient toujours ce rôle au début du XXe siècle. Ces coquillages ont été acceptés comme monnaie par de nombreux peuples d'Asie, d'Europe, d'Afrique et des Îles du Pacifique, et ce, à diverses époques. Passant de main à main, ils ont parcouru des distances considérables, mais ils avaient moins de valeur près des côtes que dans les terres. Les cauris étaient si importants pour les Chinois que la forme de l'idéogramme signifiant «acheter» en est directement inspirée. Les cauris sont pratiques comme monnaie parce qu'ils sont faciles à apporter et à compter, durent longtemps et sont presque impossible à contrefaire.

La monnaie de carte fut utilisée en Nouvelle-France, territoire correspondant à l'actuel Québec et à l'est du Canada, de 1685 à 1719. C'est l'intendant Jacques de Meules qui dirigeait alors la colonie. En 1685, l'or et l'argent lui manquant pour payer ses employés, des soldats pour la plupart, il fit preuve de créativité en inscrivant des «promesses de paiement» au verso de carte à jouer, qu'il signa. Il ordonna ensuite à tous les habitants de la Nouvelle-France d'accepter ces cartes en guise de paiement.

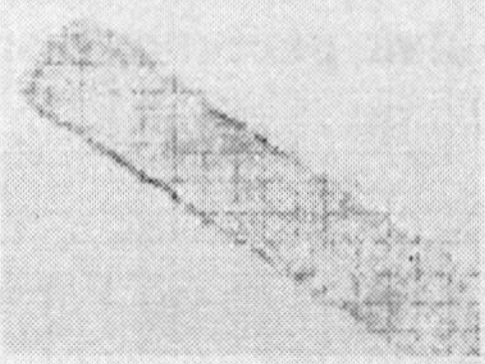

Le sel a été utilisé comme monnaie d'échange en Abyssinie, qui est maintenant l'Ethiopie, jusque dans les années 1920. Dans les régions où il était rare, sa valeur atteignait des sommets, et le sel pouvait valoir littéralement son pesant d'or. Comme les êtres humains ont besoin de sel pour rester en bonne santé, les Romains versaient à leurs soldats un «salarium», qui correspondait à la portion de leur paye destinée à acheter du sel. Le terme «salaire» vient du latin «salarium». C'est de là que vient le mot français «salaire», qui correspond aujourd'hui à la paye qu'on reçoit régulièrement en échange du travail fourni.

Les briques de thé ont été utilisées dans les années 1950 dans les campagnes de Chine, Mongolie et du Tibet. Elles étaient faites de feuilles de thé mélangées avec une substance grasse et compressée dans un moule pour former une brique standard. Au XIXe siècle, les autorités chinoises s'en servirent pour payer les soldats mongols à leur solde. Si les briques de thé étaient employées pourLes briques de thé ont été utilisées dans les années 1950 dans les campagnes de Chine, Mongolie et du Tibet. Elles étaient faites de feuilles de thé mélangées avec une substance grasse et compressée dans un moule pour former une brique standard. Au XIXe siècle, les autorités chinoises s'en servirent pour payer les soldats mongols à leur solde. Si les briques de thé étaient employées pour effectuer des paiements, elles pouvaient aussi servir à la préparation du thé. Le thé étant une boisson très prisée dans la plupart des pays d'Asie, les briques de thé ont connu une longue popularité comme monnaie d'échange. Le prix d'un chameau, dans les années 1870, était de 120 à 150 briques de thé; un mouton coûtait de 12 à 15 briques de thé; et une pipe, de 2 à 5 briques.

Ces billets furent utilisés dans la Chine impériale (l'actuelle Chine orientale) à l'époque de la dynastie Ming, soit de 1368 à 1450. Les Chinois ont inventé le papier en l'an 200 après Jésus-Christ. Ils furent aussi les premiers, il y a plus de mille ans, à utiliser la monnaie de papier, qu'ils appelaient «fei'chi'ien», c'est-à-dire «monnaie volante», compte tenu de la facilité avec laquelle elle se transportait. Les 1000 wen que représentaient le billet d'un kwan pesaient en réalité 3,5 kg. Il était beaucoup plus simple de conserver les pièces de monnaie en un endroit sûr et d'utiliser un morceau de papier imprimé correspondant à leur valeur simple.

source: http//www.currencymuseum.ca/fre/learning/digit.php

Actuellement, on a deux sortes d'argent au Canada: de l'argent de poche, fait en métal et en papier; de l'argent de livre, fait en chiffres. L'argent de poche est le moins important; l'argent de livre est le plus important (plus de 95%).

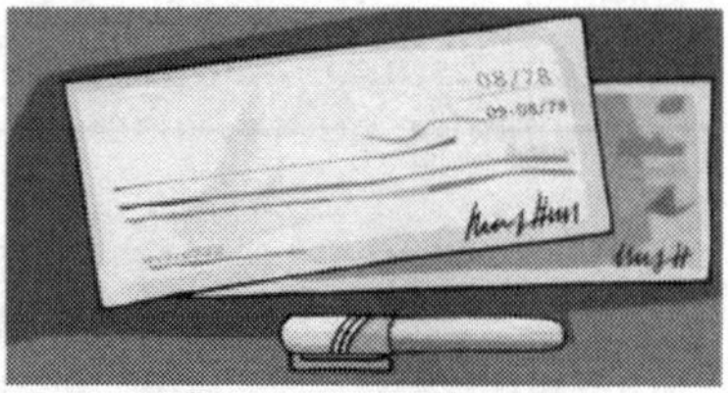

L'argent de livre, c'est le compte de banque. Toutes les affaires marchent par des comptes de banque. L'argent de poche circule ou s'arrête selon la marche des affaires. Mais les affaires ne dépendent pas de l'argent de poche; elles sont activées par les comptes de banque des hommes d'affaires.

Avec un compte de banque, on paie et on achète sans se servir d'argent de métal ou de papier. On achète avec des chiffres.

J'ai un compte de banque de 40 000 $. J'achète une auto de 10 000 $. Je paie par un chèque. Le marchand endosse et dépose le chèque à sa banque.

Le banquier touche deux comptes: d'abord celui du marchand, qu'il augmente de 10 000 $; puis le mien, qu'il diminue de 10 000 $. Le marchand avait 500 000 $; il a maintenant 510 000 $ écrit dans son compte de banque. Moi, j'avais 40 000 $, il y a maintenant 30 000 $ écrit dans mon compte de banque.

L'argent de papier n'a pas bougé pour cela dans le pays. J'ai passé des chiffres au marchand. J'ai payé avec des chiffres. Plus des neuf dixièmes des affaires se règlent comme cela. C'est l'argent de chiffres qui est l'argent moderne; c'est le plus abondant, dix fois autant que l'autre; le plus noble, celui qui donne des ailes à l'autre; le plus sûr, celui que personne ne peut voler.

Épargne et emprunt

L'argent de chiffres, comme l'autre, a un commencement. Puisque l'argent de chiffres est un compte de banque, il commence lorsqu'un compte de banque commence sans que l'argent diminue nulle part, ni dans un autre compte de banque ni dans aucune poche.

On fait, ou on grossit, un compte de banque de deux manières: l'épargne et l'emprunt. Il y a d'autres sous-manières, elles peuvent se classer sous l'emprunt.

Le compte d'épargne est une transformation d'argent. Je

porte de l'argent de poche au banquier; il augmente mon compte d'autant. Je n'ai plus l'argent de poche, j'ai de l'argent de chiffres à ma disposition. Je puis réobtenir de l'argent de poche, mais en diminuant mon argent de chiffres d'autant. Simple transformation.

Mais nous cherchons ici à savoir où commence l'argent. Le compte d'épargne, simple transformation, ne nous intéresse donc pas pour le moment.

L'argent commence dans les banques

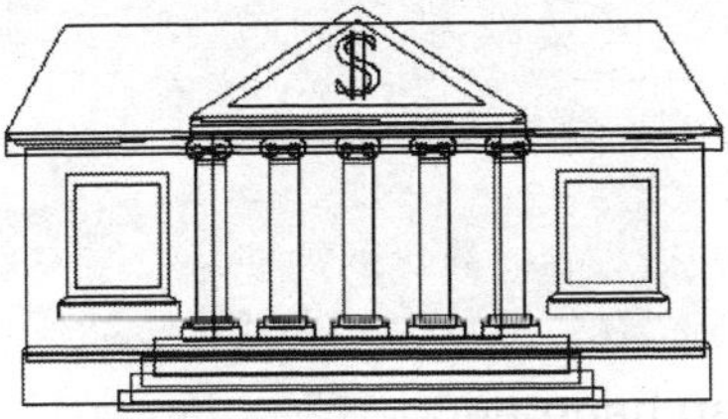

Le compte d'emprunt est le compte avancé par le banquier à un emprunteur. Je suis un homme d'affaires. Je veux établir une manufacture nouvelle. Il ne me manque que de l'argent. Je vais à une banque et j'emprunte 100 000 $ sur garantie. Le banquier me fait signer les garanties, la promesse de rembourser avec intérêt. Puis il me prête 100 000 $.

Va-t-il me passer 100 000 $ en papier? Je ne veux pas. Trop dangereux d'abord. Puis je suis un homme d'affaires qui achète en bien des places différentes et éloignées, au moyen de chèques. C'est un compte de banque de 100 000 $ que je veux et qui fera mieux mon affaire.

Le banquier va donc m'avancer un compte de 100 000 $. Il va placer dans mon compte 100 000 $, comme si je les avais apportés à la banque. Mais je ne les ai pas apportés, je suis venu les chercher.

Est-ce un compte d'épargne, fait par moi? Non, c'est un compte d'emprunt bâti par le banquier lui-même, pour moi.

Le fabricant d'argent

Ce compte de 100 000 $ n'est pas fait par moi, mais par le banquier. Comment l'a-t-il fait? L'argent de la banque a-t-il diminué lorsque le banquier m'a prêté 100 000 $? Questionnons le banquier:

— Monsieur le banquier, avez-vous moins d'argent dans votre tiroir après m'avoir prêté 100 000 $?

— Mon tiroir n'est pas touché.

— Les comptes des autres ont-ils diminué?

— Ils sont exactement les mêmes.

— Qu'est-ce qui a diminué dans la banque?

— Rien n'a diminué.

— Pourtant mon compte de banque a augmenté. D'où vient cet argent que vous me prêtez?

— Il vient de nulle part.

— Où était-il quand je suis entré à la banque?

— Il n'existait pas.

— Et maintenant qu'il est dans mon compte, il existe. Alors, il vient de venir au monde?

— Certainement.

— Qui l'a mis au monde, et comment?

— C'est moi, avec ma plume et une goutte d'encre, lorsque j'ai écrit 100 000 $ à votre crédit, à votre demande.

— Alors, vous faites l'argent?

— La banque fait l'argent de chiffres, l'argent moderne, qui fait marcher l'autre en faisant marcher les affaires. Le banquier fabrique l'argent, l'argent de chiffres, lorsqu'il prête des comptes aux emprunteurs, particuliers ou gouvernements. Lorsque je sors de la banque, il y a dans le pays une nouvelle base à chèques qui n'y était pas auparavant. Le total des comptes de banque du pays y est augmenté de 100 000 $. Avec cet argent nouveau, je paie des ouvriers, du matériel, des machines, j'érige ma manufacture. Qui donc fait l'argent nouveau? — Le banquier.

Questions

Après la lecture de cette leçon, le lecteur devrait être capable de répondre aux questions suivantes:

1. Pourquoi des gens manquent-ils de produits ou ne mangent-ils pas à leur faim? Les magasins sont-ils vides? Expliquez.

2. Donnez des exemples de destructions de produits. Pourquoi ces produits sont-ils détruits?

3. Dans quel exemple les singes semblaient plus intelligents que l'homme? Expliquez.

4. Actuellement, quelles sont les deux sortes d'argent dans notre pays?

5. L'argent n'a pas toujours consisté en papier-monnaie. Donnez des exemples d'argent dans le passé.

6. Le banquier prête-t-il l'argent de ses déposants? Expliquez.

Leçon 3

Les banques créent l'argent sous forme de dette

Les banques à couvertures fractionnaires

Revenons à l'exemple du prêt de 100 000 $ de la leçon précédente. Aucun autre compte n'a été diminué dans la banque pour cela. Pas un sou n'a été déplacé, soit d'un tiroir, soit d'une poche, soit d'un compte. J'ai 100 000 $ de plus, mais personne n'a un sou de moins. Ces 100 000 $ n'étaient nulle part il y a une heure, et les voici maintenant à mon crédit, dans mon compte de banque.

D'où vient donc cet argent? C'est de l'argent nouveau, qui n'existait pas quand je suis entré dans la banque, qui n'était dans la poche ni dans le compte de personne, mais qui existe maintenant dans mon compte. Le banquier a bel et bien créé 100 000 $ d'argent nouveau, sous forme de crédit, sous forme d'argent de comptabilité: argent scriptural, aussi bon que l'autre.

Le banquier n'est pas effrayé de cela. Mes chèques vont donner à ceux pour qui je les fais le droit de tirer de l'argent de la banque. Mais le banquier sait bien que les neuf-dixièmes de ces chèques auront simplement pour effet de faire diminuer mon compte et augmenter le compte d'autres personnes. Il sait bien qu'il lui suffit d'une piastre sur dix pour répondre aux demandes de ceux qui veulent de l'argent en poche. Il sait bien que s'il a 10 000 $ en réserves liquides, il peut prêter 100 000 $ (dix fois autant) en argent de comptabilité.

En termes techniques, le pouvoir des banques de prêter 10 fois le montant de papier-monnaie qu'elles ont dans leurs coffres-forts est appelé système de couvertures fractionnaires des banques. L'origine de ce système remonte au Moyen-Age, lorsque les orfèvres devinrent banquiers, une histoire vraie racontée par Louis Even:

L'orfèvre devenu banquier

Si vous avez un peu d'imagination, transportez-vous quelques siècles en arrière, dans une Europe déjà vieille mais peu progressive encore. En ce temps-là, la monnaie ne comptait pas pour beaucoup dans les transactions commerciales courantes. La plupart de celles-ci étaient de simples échanges directs, du troc. Cependant, les rois, les seigneurs, les riches et les gros négociants possédaient de l'or et s'en servaient.

Mais les guerres entre les seigneurs ou les nations et les brigandages exposaient l'or et les bijoux des riches à tomber entre les mains des pilleurs. Aussi les possesseurs d'or devenus trop nerveux prirent-ils de plus l'habitude de confier la garde de leurs trésors aux orfèvres qui, à cause du matériel précieux sur lequel ils travaillent, disposaient de voûtes bien protégées. L'orfèvre recevait l'or, donnait un reçu au dépositaire et conservait le métal pour celui-ci, moyennant une prime pour le service. Naturellement, le propriétaire réclamait son bien, en tout ou en partie, quand bon lui semblait.

Le négociant qui partait de Paris pour Marseille, ou de Troyes pour Amsterdam, pouvait se munir d'or pour faire ses achats. Mais là encore, il y avait danger d'attaque en cours de route; aussi s'appliqua-t-il à persuader son vendeur de Marseille ou d'Amsterdam d'accepter, au lieu de métal, un droit signé sur une partie du trésor en dépôt chez l'orfèvre de Paris ou de Troyes. Le reçu de l'orfèvre témoignait de la réalité des fonds.

Il arriva aussi que le fournisseur d'Amsterdam, ou d'ailleurs, réussit à faire accepter par son propre correspondant de Londres ou de Gênes, en retour de services de transport, le droit qu'il avait reçu de son acheteur français. Bref, peu à peu, les commerçants en vinrent à se passer entre eux ces reçus au lieu de l'or lui-même, pour ne pas déplacer inutilement celui-ci et risquer des attaques des mains des bandits. C'est-à-dire qu'un acheteur, au lieu d'aller chercher un lingot d'or chez l'orfèvre pour payer son créancier, donnait à ce dernier le reçu de l'orfèvre lui conférant un titre à l'or conservé dans la voûte.

Au lieu de l'or, ce sont les reçus de l'orfèvre qui changeaient de main. Tant qu'il n'y eut qu'un nombre limité de vendeurs et d'acheteurs, ce n'était pas un mauvais système. Il restait facile de suivre les pérégrinations des reçus.

Prêteur d'or

Mais, l'orfèvre fit bientôt une découverte qui devait affecter l'humanité beaucoup plus que le voyage mémorable de Christophe Colomb lui-même. Il apprit, par expérience, que presque tout l'or qu'on lui avait confié demeurait intact dans sa voûte. Les propriétaires de cet or se servant de ses reçus dans leurs échanges commerciaux, c'est à peine si un sur dix venait quérir du métal précieux.

La soif du gain, l'envie de devenir riche plus vite qu'en maniant ses outils de bijoutier, aiguisèrent l'esprit de notre homme et lui inspirèrent de l'audace. «Pourquoi, se dit-il, ne me ferais-je pas prêteur d'or!» Prêteur, remarquez bien, d'or qui ne lui appartenait pas. Et comme il n'avait pas l'âme droite de saint Eloi, il couva et mûrit cette idée. Il la raffina encore davantage: «Prêteur d'or qui ne m'appartient pas, et avec intérêt, va sans dire! Mieux que cela, mon cher maître (parlait-il à Satan?) — au lieu d'or, je vais prêter des reçus et en exiger l'intérêt en or: cet or-là sera bien à moi, et celui de mes clients restera dans mes voûtes pour couvrir de nouveaux prêts.»

Il garda bien le secret de cette découverte, n'en parlant même pas à sa femme qui s'étonnait de le voir souvent se frotter les mains de joie. L'occasion de mettre ses desseins à exécution ne tarda pas, bien qu'il n'eût pour s'annoncer ni «La Presse» ni «Le Star».

Un bon matin, en effet, un ami de l'orfèvre se présenta chez lui pour réclamer une faveur. Cet homme n'était pas sans biens — une maison ou une propriété en culture — mais il avait besoin d'or pour régler une transaction. S'il pouvait seulement en emprunter, il le rendrait avec un surplus en compensation; s'il y manquait, l'orfèvre saisirait sa propriété, d'une valeur bien supérieure au prêt.

L'orfèvre ne se fit prier que pour la forme, puis expliqua à son ami, d'un air désintéressé, qu'il serait dangereux pour lui de sortir avec une forte somme d'argent dans sa poche: «Je vais vous donner un reçu; c'est comme si je vous prêtais de l'or que je tiens en réserve dans ma voûte; vous passerez ce reçu à votre créancier et s'il se présente, je lui remettrai l'or; vous me devrez tant d'intérêt.»

Le créancier ne se présenta pas généralement. Il passa lui-même le reçu à un autre. Entre temps, la réputation du prêteur d'or se répandit. On vint à lui. Grâce à d'autres avances semblables par l'orfèvre, il y eut bientôt plusieurs fois autant de reçus en circulation que d'or réel dans les voûtes.

L'orfèvre lui-même avait bel et bien créé de la circulation monétaire, à grand profit pour lui-même. Il triompha vite de sa nervosité du début qui lui avait fait craindre une demande simultanée d'or par un grand nombre de détenteurs de reçus. Il pouvait jouer dans une certaine limite en toute sécurité. Quelle aubaine, de prêter ce qu'il n'avait pas et d'en tirer intérêt — grâce à la confiance qu'on avait en lui et qu'il eut soin de cultiver! Il ne risquait rien tant qu'il avait pour couvrir ses prêts une réserve que son expérience jugeait suffisante. Si, d'autre part, un emprunteur manquait à ses obligations et ne remettait pas le prêt l'échéance venue, l'orfèvre acquérait la propriété gagée. Sa conscience s'émoussa vite et les scrupules du début ne le tourmentèrent plus.

Création de crédit

D'ailleurs, il crut sage de changer la formule et quand il prêta, au lieu d'écrire: «Reçu de Jacques Lespérance...» il écrivit: «Je promets de payer au porteur...» Cette promesse circula comme de la monnaie d'or. Incroyable, direz-vous. Allez donc, regardez vos billets de banque d'aujourd'hui. Lisez le texte qu'ils portent. Sont-ils si différents et ne circulent-ils pas comme monnaie?

Un figuier fertile, le système bancaire privé, créateur et maître de la monnaie, avait donc poussé sur les voûtes de l'orfèvre. Les prêts de celui-ci, sans déplacement d'or, étaient devenus les créations de crédit du banquier. Les reçus primitifs avaient changé de forme, prenant celles de simples promesses de payer sur demande. Les crédits payés par le banquier s'appelèrent dépôts, ce qui fit croire au public que le banquier ne prêtait que les sommes venues de déposants. Ces crédits entraient dans la circulation au moyen de chèques négociables. Ils y déplacèrent en volume et en importance la monnaie légale du souverain qui n'eut plus qu'un rôle secondaire. Le banquier créait dix fois plus de circulation fiduciaire que l'Etat.

L'orfèvre devenu banquier

L'orfèvre mué en banquier fit une autre découverte: il s'aperçut qu'une abondante mise de reçus (crédits) en circulation accélérait le commerce, l'industrie, la construction; tandis que la restriction, la compression des crédits, qu'il pratiqua d'abord dans les cas où il craignait une course à l'or vers son établissement, paralysait l'essor commercial. Il semblait, dans ce dernier cas, y avoir surproduction alors que les privations étaient grandes; c'est parce que les produits ne se vendaient pas, faute de pouvoir d'achat. Les prix baissaient, les banqueroutes se multipliaient, les

emprunteurs du banquier faisaient défaut à leurs obligations et le prêteur saisissait les propriétés gagées.

Le banquier, très perspicace et très habile au gain, vit ses chances, des chances magnifiques. Il pouvait monétiser la richesse des autres à son profit: le faire libéralement, causant une hausse des prix, ou parcimonieusement, causant une baisse des prix. Il pouvait donc manipuler la richesse des autres à son gré, exploitant l'acheteur en temps d'inflation et exploitant le vendeur en temps de dépression.

Le banquier, maître universel

Le banquier devenait ainsi le maître universel, il tenait le monde à sa merci. Des alternances de prospérité et de dépression se succédèrent. L'humanité s'inclina sous ce qu'elle prenait pour des cycles naturels inévitables.

Pendant ce temps, savants et techniciens s'acharnaient à triompher des forces de la nature et à développer les moyens de production. Et l'on vit paraître l'imprimerie, se répandre l'instruction, surgir des villes et des habitations meilleures, se multiplier et se perfectionner les sources de la nourriture, du vêtement, des agréments de la vie. L'homme maîtrisa les forces de la nature, attela la vapeur et l'électricité. Transformation et développements partout — excepté dans le système monétaire.

Ce type de billet a été utilisé en Suède à partir des années 1600 jusque dans les années 1700. En 1600, les pièces de monnaie suédoises étaient énormes. Il aurait été impossible de porter sur soi la somme de 100 dalers en pièces. La Banque de Stockholm obtint du gouvernement l'autorisation d'émettre des billets de banque. Ainsi, les pièces restaient à la banque, et leurs détenteurs portaient sur eux des billets en papier représentant la valeur des pièces. Ces billets sont parmi les premiers exemples de monnaie de papier imprimée qui fut utilisée en Europe.

Source: http://www.currencymuseum.ca/fre/learning/digit.php

Et le banquier s'enveloppa de mystère, entretint la confiance que le monde soumis avait en lui, eut même l'audace de faire proclamer par la presse, dont il contrôlait la finance, que les banques avaient sorti le monde de la barbarie, ouvert et civilisé des continents. Savants et travailleurs n'étaient plus considérés que secondaires dans la marche du progrès. Aux masses, la misère et le mépris; au financier exploiteur, les richesses et les honneurs !

Dans les années 1940, les banques prêtaient en moyenne 10 fois plus d'argent qu'elles en avaient en réserve. Cette proportion a changé depuis. En 1967, la Loi canadienne des Banques permettait aux banques à charte de créer seize fois le montant de leurs réserves en numéraire (billets de banque et pièces de monnaie). Depuis 1980, les banques devaient détenir une réserve minimale de 5% en argent liquide, ce qui leur donnait le droit de créer vingt fois ce montant.

En pratique, les banques peuvent prêter beaucoup plus que cela, car elles peuvent augmenter leurs réserves en numéraire (billets de banque) à volonté en achetant ces réserves de la banque centrale (Banque du Canada) avec l'argent de comptabilité qu'elles ont créé. Ainsi, il a été établi en 1982, devant un Comité d'enquête de la Chambre des Communes sur les profits des banques, qu'en 1981, les banques à charte canadiennes dans leur ensemble avaient prêté 32 fois leur capital. En 1990, aux Etats-Unis, le total des dépôts dans les banques commerciales s'élevait à 3 000 milliards $, tandis que leurs réserves en argent liquide s'élevaient à 60 milliards $ seulement, soit cinquante fois moins.

En décembre 1991, le Parlement canadien adoptait la plus récente version de la Loi sur les banques (qui est renouvelée environ tous les dix ans), qui stipulait qu'à partir de janvier 1994, le pourcentage d'argent liquide que les banques doivent posséder passait à zéro pour cent ! Ainsi, pour le troisième trimestre de 1995, les banques canadiennes avaient prêté plus de soixante-dix fois leurs réserves: pour 3,1 milliards de dollars en billets de banque et pièces de monnaie, le total des prêts non-hypothécaires, pour la même période, était de 216 milliards $, soit soixante-dix fois le montant d'argent liquide existant dans le pays ! Et en 1997, ce chiffre monte à 100 fois.

En d'autres mots, il n'y a plus aucune limite prescrite par la loi. La seule limite à la création d'argent par les banques, c'est le fait que des individus désirent encore être payés avec du papier-monnaie. Alors, on comprend que les banques vont faire tout leur possible pour éliminer tout simplement l'usage de papier-monnaie, en encourageant l'utilisation des cartes de débit, paiement direct, etc., pour en venir finalement à l'élimination complète de

l'argent liquide. Elles prêcheront l'existence d'une seule forme d'argent, l'argent électronique: l'argent ne sera plus du papier-monnaie, mais un simple signal, ou unité d'information, dans un ordinateur.

Le destructeur d'argent

Nous venons donc de voir que les banques créent l'argent lorsqu'elles accordent un prêt. Le banquier crée l'argent, non pas l'argent de papier-monnaie, mais l'argent fiduciaire (ou d'écriture), lorsqu'il accorde un prêt aux individus ou gouvernements. Lorsque je quitte la banque avec mon emprunt, il existe dans le pays une nouvelle source de chèques qui n'existait pas avant. Avec le prêt de 100 000 $ qui m'a été accordé, le montant total de tous les comptes bancaires dans le pays a augmenté de 100 000 $. Avec ce nouvel argent, je pourrai payer mes employés, acheter du matériel et des machines, bref, construire ma nouvelle usine. Qui crée l'argent? Le banquier!

Le banquier, et le banquier seul, fait cette sorte d'argent: l'argent d'écriture, l'argent dont dépend la marche des affaires. Mais il ne donne pas l'argent qu'il fait. Il le prête. Il le prête pour un certain temps, après quoi il faut le lui rapporter. Il faut rembourser.

Le banquier réclame de l'intérêt sur cet argent qu'il fait. Dans mon cas, il est probable qu'il va me demander immédiatement 10 000 $ d'intérêt. Il va les retenir sur le prêt, et je sortirai de la banque avec un compte net de 90 000 $, ayant signé la promesse de rapporter 100 000 $ dans un an.

En construisant mon usine, je vais payer des hommes et des choses, et vider sur le pays mon compte de banque de 90 000 $. Mais d'ici un an, il faut que je fasse des profits, que je vende plus cher que je paie, de façon à pouvoir, avec mes ventes, me bâtir un autre compte de banque d'au moins 100 000 $.

Au bout de l'année, je vais rembourser, en tirant un chèque sur mon compte accumulé de 100 000 $. Le banquier va me débiter de 100 000 $, donc m'enlever ce 100 000 $ que j'ai retiré du pays, et il ne le mettra au compte de personne. Personne ne pourra plus tirer de chèque sur ce 100 000 $. C'est de l'argent mort.

L'emprunt fait naître l'argent. Le remboursement fait mourir l'argent. Le banquier met l'argent au monde lorsqu'il prête. Le banquier met l'argent dans le cercueil lorsqu'on lui rembourse. Le banquier est donc aussi un destructeur d'argent.

Un banquier anglais distingué, Reginald McKenna, qui fut un temps ministre des Finances de son pays (Chancelier de l'Echiquier), puis plusieurs années chairman de la Midland Bank, une des cinq grosses banques d'Angleterre, disait, en 1934, à une assemblée annuelle des actionnaires de cette banque: **«Le peuple ignore généralement que le volume de l'argent en circulation dépend de l'action des banques. Tout prêt bancaire, direct ou par découvert (overdraft), augmente le flot de crédit en circulation, et tout remboursement d'un prêt bancaire diminue ce flot d'un montant égal au remboursement.»**

Reginald McKenna

Et le système est tel que le remboursement doit dépasser l'emprunt; le chiffre des décès doit dépasser le chiffre des naissances; la destruction doit dépasser la fabrication.

Cela paraît impossible, et c'est collectivement impossible. Si je réussis, un autre fait banqueroute; parce que, tous ensemble, nous ne sommes pas capables de rapporter plus d'argent qu'il en a été fait. Le banquier fait le capital, rien que le capital. Personne ne fait l'intérêt, puisque personne autre ne fait l'argent. Mais le banquier demande quand même capital et intérêt. Un tel système ne peut tenir que moyennant un flot continuel et croissant d'emprunts. D'où un régime de dettes et la consolidation du pouvoir dominateur de la banque.

La dette publique

Le gouvernement ne fait pas d'argent. Lorsqu'il ne peut plus taxer ni emprunter des particuliers, par rareté d'argent, il emprunte des banques. L'opération se passe exactement comme avec moi. La garantie, c'est tout le pays. La promesse de rembourser, c'est la débenture. Le prêt d'argent, c'est un compte fait par une plume et de l'encre.

Ainsi, en octobre 1939, le gouvernement fédéral, pour faire face aux premières dépenses de la guerre, demandait aux banques 80 000 000 $. Les banques ont avancé un compte de 80 millions sans rien enlever à personne, donnant au gouvernement une base à chèques nouvelle de 80 millions. Mais, en octobre 1941, le gouvernement devait rapporter aux banques 83 200 000 $. C'est l'intérêt en plus du capital.

Par les taxes, le gouvernement doit retirer du pays autant d'argent qu'il y en a mis, 80 millions. Il faut qu'en plus il retire 3 millions qui n'y ont pas été mis, que ni le banquier ni personne n'a faits.

Passe encore que le gouvernement retrouve l'argent qui existe, mais comment trouver de l'argent qui n'est jamais venu en existence ? Le fait est que le gouvernement ne le trouve pas et ajoute simplement à la dette publique. Ainsi s'explique la dette publique croissant au rythme où le développement du pays demande de l'argent nouveau. Tout argent nouveau vient par le banquier sous forme de dette, réclamant plus d'argent qu'il en est émis.

Et la population du pays se trouve collectivement endettée pour de la production que, collectivement, elle a faite elle-même! C'est le cas pour la production de guerre. C'est le cas aussi pour la production de paix: routes, ponts, aqueducs, écoles, églises, etc.

Le vice monétaire

La situation se résume à cette chose inconcevable. Tout l'argent qui est en circulation n'y est venu que par la banque. Même l'argent de métal ou de papier ne vient en circulation que s'il est libéré par la banque.

Or la banque ne met l'argent en circulation qu'en le prêtant et en le grevant d'un intérêt. Ce qui veut dire que tout l'argent en circulation est venu de la banque et doit retourner à la banque un jour ou l'autre, mais y retourner grossi d'un intérêt.

La banque reste propriétaire de l'argent. Nous n'en sommes que les locataires. S'il y en a qui gardent l'argent plus longtemps, ou même toujours, d'autres sont nécessairement incapables de remplir leurs engagements de remboursements.

Multiplicité des banqueroutes de particuliers et de compagnies, hypothèques sur hypothèques, et croissance continuelle des dettes publiques, sont le fruit naturel d'un tel système.

L'intérêt sur l'argent à sa naissance est à la fois illégitime et absurde, anti-social et anti-arithmétique. Le vice monétaire est donc un vice technique autant qu'un vice social.

À mesure que le pays se développe, en production comme en population, il faut plus d'argent. Or, on ne peut avoir d'argent nouveau qu'en s'endettant d'une dette collectivement impayable.

Il reste donc le choix entre arrêter le développement ou s'endetter; entre chômer ou contracter des emprunts impayables. C'est entre ces deux choses-là qu'on se débat justement dans tous les pays.

Aristote, et après lui saint Thomas d'Aquin, écrivent que l'argent ne fait pas de petits. Or le banquier ne met l'argent au monde qu'à condition qu'il fasse des petits. Comme ni le gouvernement ni les particuliers ne font d'argent, personne ne fait les petits réclamés par le banquier. Même légalisé, ce mode d'émission reste vicieux et insultant.

Déchéance et abjection

Cette manière de faire l'argent du pays, en endettant gouvernements et particuliers, établit une véritable dictature sur les gouvernements comme sur les particuliers.

Le gouvernement souverain est devenu un signataire de dettes envers un petit groupe de profiteurs. Le ministre, qui représente des millions d'hommes, de femmes et d'enfants, signe des dettes impayables. Le banquier, qui représente une clique intéressée à profiter et à dominer, manufacture l'argent du pays.

En l'absence de sang, les humains ne peuvent survivre: alors il est approprié de comparer l'argent au sang économique de la nation. Le Pape Pie XI écrivait en 1931 dans son encyclique *Quadragesimo anno* (n. 106):

«Ce pouvoir est surtout considérable chez ceux qui, détenteurs et maîtres absolus de l'argent et du crédit, gouvernent le crédit et le dispensent selon leur bon plaisir. Par-là, ils distribuent le sang à l'organisme économique dont ils tiennent la vie entre leurs mains, si bien que, sans leur consentement, nul ne peut plus respirer».

Pie XI

Quelques lignes plus loin, dans la même encyclique, le Pape parle de la déchéance du pouvoir: les gouvernements sont déchus de leurs nobles fonctions et sont devenus les valets des intérêts privés.

Le gouvernement, au lieu de piloter le pays, s'est transformé en percepteur d'impôts; et une grosse tranche du revenu des taxes, la tranche la plus sacrée, soustraite à toute discussion, est justement l'intérêt sur la dette publique.

Aussi la législation consiste-t-elle surtout à taxer le monde et à placer partout des restrictions à la liberté.

On a des lois pour protéger les remboursements aux faiseurs d'argent. On n'en a pas pour empêcher un être humain de mourir de misère.

Quant aux individus, l'argent rare développe chez eux la mentalité de loups. En face de l'abondance, c'est à qui obtiendra le signe trop rare qui donne droit à l'abondance. D'où, concurrence, dictatures patronales, chicanes domestiques, etc. Un petit nombre mange les autres; le grand nombre gémit, plusieurs dans une abjection déshonorante.

Des malades restent sans soin; des enfants reçoivent une nourriture inférieure ou insuffisante; des talents ne peuvent se développer; des jeunes gens ne peuvent se placer ni fonder un foyer; des cultivateurs perdent leur ferme; des industriels font banqueroute; des familles vivotent péniblement — le tout sans autre justification que le manque d'argent. La plume du banquier impose au public les privations, aux gouvernements la servitude.

Soulignons aussi un point frappant: C'est la production qui donne de la valeur à l'argent. Une pile d'argent, sans produits pour y répondre, ne fait pas vivre. Or, ce sont les cultivateurs, les industriels, les ouvriers, les professionnels, le pays organisé, qui font les produits, marchandises ou services. Mais ce sont les banquiers qui font l'argent basé sur ces produits. Et cet argent, qui tire sa valeur des produits, les banquiers se l'approprient et le prêtent à ceux qui font les produits. C'est un vol légalisé.

Un système d'argent-dette: L'Île des naufragés

La façon dont l'argent est créé sous forme de dette par les banques privées est bien expliquée dans la parabole de L'Ile des Naufragés, de Louis Even, dans laquelle, comme dans toute société, le système économique peut être divisé en deux: système producteur et système financier. D'un côté, se trouvent cinq naufragés sur une île, qui produisent les différentes choses nécessaires à la vie; et de l'autre, un banquier qui leur prête de l'argent. Pour simplifier notre exemple, disons qu'il y a un seul emprunteur au nom de toute la communauté, que nous appellerons Paul.

Paul décide, au nom de la communauté, d'emprunter du banquier un montant suffisant pour faire marcher l'économie sur l'île, disons 100 $, à 6% d'intérêt. A la fin de l'année, Paul doit rembourser l'intérêt de 6% à la banque, soit 6 $. 100 $ moins 6 $ = 94 $, il reste donc 94 $ en circulation sur l'île. Mais la dette de 100 $ demeure. Le prêt de 100 $ est donc renouvelé, et un autre 6 $ doit être payé à la fin de la deuxième année. 94 $ moins 6 $, il reste 88 $ en circulation. Si Paul continue ainsi à payer 6 $ d'intérêt à chaque année, au bout de 17 ans, il ne restera plus d'argent sur l'île. Mais la dette de 100 $ demeurera, et le banquier sera autorisé à saisir toutes les propriétés des habitants de l'île.

La production de l'île avait augmenté, mais pas l'argent. Ce ne sont pas des produits que le banquier exige, mais de l'argent. Les habitants de l'île fabriquaient des produits, mais pas d'argent. Quand bien même les cinq habitants de l'île travailleraient jour et nuit, cela ne fera pas apparaître un sou de plus en circulation. Seul le banquier a le droit de créer l'argent. Il semblerait donc que pour la communauté, il n'est pas sage de payer l'intérêt annuellement.

Reprenons donc notre exemple au début. A la fin de la première année, Paul choisit donc de ne pas payer l'intérêt, mais de l'emprunter de la banque, augmentant ainsi le prêt à 106 $. (C'est ce que nos gouvernements font, puisqu'ils doivent emprunter pour payer seulement l'intérêt sur la dette.) «Pas de problème, dit le banquier, cela ne représente que 36¢ de plus d'intérêt, c'est une goutte sur le prêt de 106 $! » La dette à la fin de la deuxième année est donc: 106 $ plus l'intérêt à 6% de 106 $ — 6,36 $ — pour une dette totale de 112,36 $. Au bout de 5 ans, la dette est de 133,82 $, et l'intérêt est de 7,57 $. «Pas si mal, se dit Paul, l'intérêt n'a grossi que de 1,57 $ en 5 ans.» Mais quelle sera la situation au bout de 50 ans ?

Croissance d'une dette de $100 à 6% d'intérêt

Année	Capital original emprunté	Dette à la fin de l'année	Intérêt dû fin de l'année	Argent en circulation
1	$100	$106.00	$6.00	$100
2	(demeure	$112.36	6.36	(demeure
3	le même)	119.10	6.74	le même)
4	"	126.25	7.15	"
5	"	133.82	7.57	"
10	"	179.08	10.14	"
20	"	320.71	18.15	"
30	"	574.35	32.51	"
40	"	1,028.57	58.22	"
50	"	1,842.02	104.26	"
60	"	3,298.77	186.72	"
70	"	5,907.59	334.39	"

La dette augmente relativement peu les premières années, mais augmente ensuite très rapidement. A remarquer, la dette augmente à chaque année, mais le montant original emprunté (argent en circulation) demeure toujours le même: 100 $. En aucun temps la dette ne peut être payée, pas même à la fin de la première année: seulement 100 $ en circulation et une dette de 106 $. Et à la fin de la cinquantième année, tout l'argent en circulation (100 $), n'est même pas suffisant pour payer l'intérêt sur la dette: 104,26 $.

Tout l'argent en circulation est un prêt, et doit retourner à la banque grossi d'un intérêt. Le banquier crée l'argent et le prête, mais il se fait promettre de se faire rapporter tout cet argent, plus d'autre qu'il ne crée pas. Seul le banquier crée l'argent: il crée le capital, mais pas l'intérêt (Dans l'exemple plus haut, il crée 100 $, mais demande 106 $). Le banquier demande de lui rapporter, en plus du capital qu'il a créé, l'intérêt qu'il n'a pas créé, et que personne n'a créé.

La dette publique est faite d'argent qui n'existe pas, qui n'a jamais été mis au monde, mais que le gouvernement s'est tout de même engagé à rembourser. C'est un contrat impossible, que les financiers représentent comme un «contrat saint» à respecter, même si les humains dussent en crever.

L'intérêt composé

L'augmentation soudaine de la dette après un certain nombre d'années s'explique par l'effet de l'intérêt composé. A la différence de l'intérêt simple, qui est payé seulement sur le capital original emprunté, l'intérêt composé est l'intérêt payé à la fois sur le capital et sur l'intérêt non payé, qui s'additionne au capital.

En mettant sur un graphique la dette cumulative des cinq habitants de l'île, où la ligne horizontale est graduée en années, et la ligne verticale graduée en dollars, et en joignant tous les points obtenus pour chaque année par une ligne, nous obtenons une courbe qui permet de mieux voir l'effet de l'intérêt composé et la croissance de la dette.

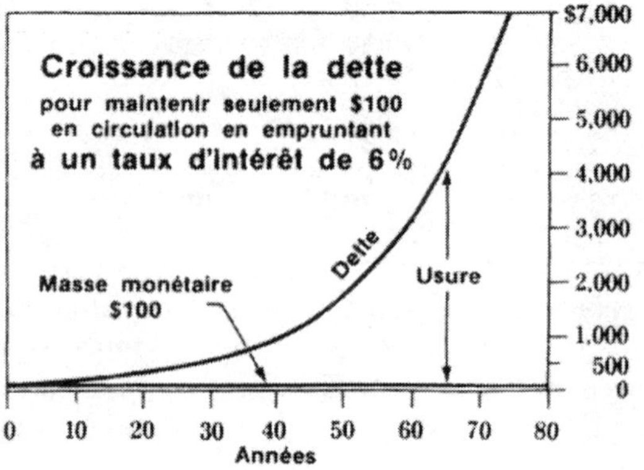

La pente de la courbe augmente peu durant les premières années, mais s'accentue rapidement après 30 ou 40 ans. Les dettes de tous les pays du monde suivent le même principe et augmentent de la même manière. Étudions par exemple la dette du Canada.

La dette du Canada

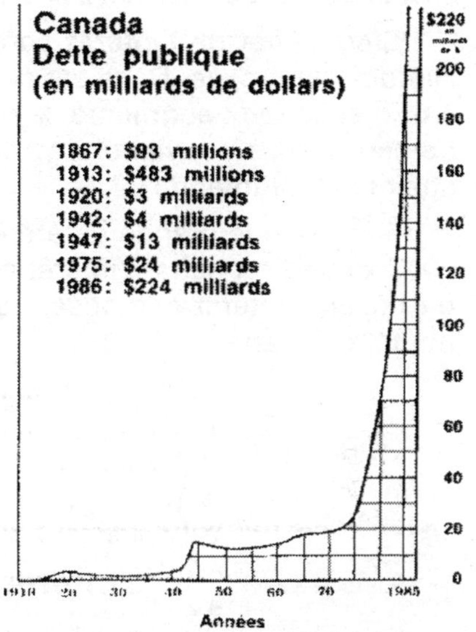

Chaque année, le gouvernement canadien établit un budget où il prévoit les dépenses et les recettes pour l'année. Si le gouvernement reçoit plus d'argent qu'il n'en dépense, il y aura un surplus; s'il en dépense plus qu'il en reçoit, il y aura un déficit. Ainsi, pour l'année financière 1985-86, le gouvernement fédéral a eu des dépenses de 105 milliards $ et des recettes de 71,2 milliards $, ce qui donne un déficit de 33,8 milliards $. La dette fédérale est la somme de tous les déficits budgétaires depuis que le Canada existe (Confédération de 1867).

Ainsi, le déficit pour l'année 1986, 33,8 milliards $, s'ajoute à la dette de 1985, 190,3 milliards $, pour une dette totale de 224 milliards $ en 1986. En janvier 1994, la dette du gouvernement canadien atteignait le cap des 500 milliards $. (Si le gouvernement canadien a réussi à équilibrer son budget depuis quelques années, c'est parce qu'il a transféré son déficit aux provinces et municipalités, les obligeant à couper dans les soins de santé et autres services essentiels. Cela n'empêche pas la dette totale de continuer d'augmenter inexorablement.)

Lors de la formation du Canada en 1867 (l'union de quatre provinces: Ontario, Québec, Nouveau-Brunswick et Nouvelle-Écosse), la dette du pays était de 93 millions $. La première grande augmentation est survenue durant la Première Guerre mondiale (1914-1918), où la dette publique du Canada est passée de 483 millions $ en 1913 à 3 milliards $ en 1920. La seconde grande hausse est intervenue durant la Deuxième Guerre mondiale (1939-1945), où la dette est passée de 4 milliards $ en 1942 à 13 milliards $ en 1947. Ces deux hausses peuvent s'expliquer par le fait que le gouvernement dut emprunter de grandes sommes d'argent pour sa participation à ces deux guerres.

Mais comment expliquer la hausse phénoménale des vingt dernières années, alors que la dette passait de 24 milliards $ en 1975 à 224 milliards $ en 1986, puis à 575 milliards $ en 1996, alors que le Canada était en temps de paix et n'a pas eu à emprunter pour la guerre?

C'est l'effet de **l'intérêt composé**, comme dans l'exemple de l'Ile des Naufragés. Dans cet exemple, le taux d'intérêt demeurait à 6%; si ce taux augmente, la dette augmentera encore plus rapidement (on se souviendra qu'en 1981, les taux d'intérêts avaient atteint un sommet de 22%).

Il existe une grande différence entre des taux de 6%, 10%, ou 20%, quand on parle d'intérêt composé. Ainsi, si vous empruntez un dollar à intérêt composé, voici ce que vous aurez à payer au bout de 100 ans:

à 1% .... 2,75 $
à 2% .... 19,25 $
à 3% .... 340,00 $
à 10% .... 13 809,00 $
à 12% .... 1 174 405,00 $
à 18% .... 15 145 207,00 $
à 24% .... 251 799 494,00 $

A 50%, il n'y aurait pas assez d'argent dans le monde entier pour payer votre emprunt d'un dollar! Un autre exemple de l'intérêt composé: un sou (1¢) emprunté à 1% au temps du Christ (1er janvier de l'an 1) aurait donné en 1986 une dette de 3,8 millions $. A 2%, on devrait, non pas le double seulement, mais 314 millions de fois ce montant: 1,2 suivi de 12 zéros (un milliard de millions!).

Il existe une formule pour savoir dans combien de temps un montant double à intérêt composé, c'est la "Règle de 72": Vous divisez 72 par le taux d'intérêt choisi, et cela vous donne le nombre d'années. Par exemple, à 10%, ça prend 7,2 ans pour que le montant double (72 divisé par 10).

Tout cela pour démontrer que tout intérêt demandé sur de l'argent créé, même à un taux de 1%, est de l'usure, un vol, une injustice. **Dans son rapport de novembre 1993, le vérificateur général du Canada disait que sur la dette nette de 423 milliards $ accumulée par le gouvernement canadien de 1867 à 1992, seulement 37 milliards $ avaient été dépensés pour des biens et services, alors que le reste (386 milliards $, ou 91% de la dette) consistait en frais d'intérêt, ce qu'il a coûté au gouvernement pour emprunter ce 37 milliards $ (c'est comme si le gouvernement avait emprunté ce 37 milliards $ à un taux de 1043%, et les avait ainsi remboursé plus de dix fois!).**

La dette des États-Unis

La dette des Etats-Unis suit la même courbe que celle du Canada, mais avec des nombres dix fois plus gros. Comme c'était le cas pour le Canada, les premières hausses significatives de la dette publique des Etats-Unis ont eu lieu durant les périodes de guerre: Guerre Civile américaine (1861-65), Première et Deuxième Guerres mondiales. De 1975 à 1986, la dette est passée de 533 milliards $ à 2073 milliards $. En date du 5 septembre 2006, cette dette était de 8500 milliards $ (28 490 $ pour chaque citoyen américain), et continue de croître de façon exponentielle. Pour l'année fiscale 2004, les frais d'intérêt ont été de 321 milliards.)

Dette nationale des États-Unis (1938-2005)

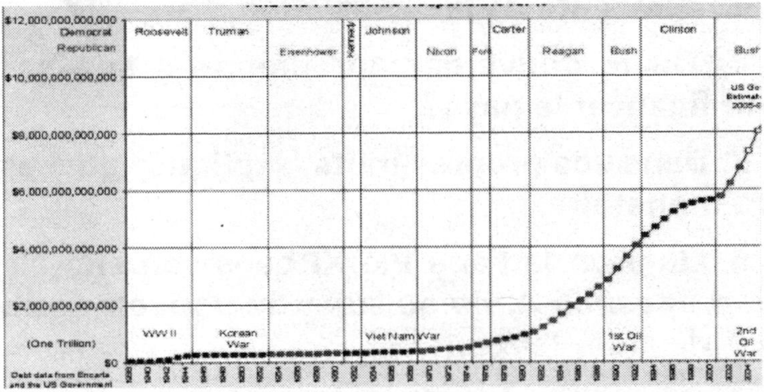

Et ce n'est que la pointe de l'iceberg: s'il y a les dettes publiques, il existe aussi les dettes privées! Le gouvernement fédéral est le plus gros emprunteur au pays, mais il n'est pas le seul: il y a aussi les individus et les compagnies. Aux Etats-Unis, en 1992, la dette publique était de 4000 milliards $, et la dette totale de 16 000 milliards $, avec une masse monétaire de seulement 950 millions $. En 2006, la dette totale (États, compagnies et individus) dépassent les 41 000 milliards!

Questions

Après la lecture de cette leçon, le lecteur devrait être capable de répondre aux questions suivantes:

1. Dans vos propres mots, expliquez comment l'orfèvre est devenu banquier.

2. Y a-t-il une limite au montant d'argent qu'une banque peut prêter? Si oui, laquelle?

3. Pourquoi dit-on que le remboursement d'un prêt représente de la destruction d'argent?

4. Où le gouvernement prend-t-il son argent pour financer le pays?

5. Dans vos propres mots, expliquez quel est le vice monétaire.

6. Qu'a dit le Pape Pie XI dans son encyclique *Quadragesimo Anno* au sujet du pouvoir des banques de créer l'argent?

7. Dans l'Île des Naufragés, comment le banquier se retrouve-t-il propriétaire de tous les biens de l'île?

8. Est-il possible pour un pays de rembourser sa dette?

9. Pourquoi dit-on que les dettes publiques ne sont «que la pointe de l'iceberg»?

Leçon 4

La solution au problème des dettes: un argent sans dette créé par la société

Comme il a été fait mention dans la leçon précédente, et qui est bien expliqué dans l'Île des naufragés de Louis Even, tout l'argent en circulation est un prêt, et doit retourner à la banque grossi d'un intérêt. Le banquier crée l'argent et le prête, mais il se fait promettre de se faire rapporter tout cet argent, plus d'autre qu'il ne crée pas. Seul le banquier crée l'argent: il crée le capital, mais pas l'intérêt. Le banquier demande de lui rapporter, en plus du capital qu'il a créé, l'intérêt qu'il n'a pas créé, et que personne n'a créé.

L'intérêt à payer sur la dette augmente dans la même proportion que la dette, puisque c'est un pourcentage de cette dette. Pour financer sa dette, le gouvernement émet des bons du Trésor et autres obligations, la plupart achetés par les banques à charte privées.

Concernant la vente de ces obligations aux banques, le gouvernement est un vendeur imbécile: il ne vend pas ses obligations aux banques, il en fait cadeau, puisque ces obligations ne coûtent absolument rien aux banques, car elles créent l'argent pour les acheter. Non seulement les banques obtiennent ces obligations pour rien, mais elles en retirent de l'intérêt (payé par les taxes des contribuables).

Est révélateur sur ce sujet l'échange qui eut lieu entre M. Wright Patman (photo de gauche), Président du Comité de la Chambre des Représentants des Etats-Unis sur la Banque et le Numéraire, et M. Marriner Eccles (photo de droite), Président de la «Federal Reserve Board» (Banque centrale des Etats-Unis), le 30 septembre 1941, au sujet de la création de 2 milliards $ par la «Réserve Fédérale»:

Patman: «Où avez-vous pris l'argent pour acheter ces 2 milliards $ d'obligations du gouvernement?»

Eccles: «Nous les avons créés.»

Patman: «Avec quoi?»

Eccles: «Avec le droit d'émettre du crédit, de l'argent.»

Patman: «Et il n'y a rien d'autre en arrière, sauf le crédit du gouvernement.»

Eccles: «Nous avons les obligations du gouvernement.»

Patman: «C'est exact, le crédit du gouvernement.»

Cela nous met sur la piste de la solution au problème de la dette: si les obligations sont basées sur le crédit du gouvernement, pourquoi le gouvernement a-t-il besoin de passer par les banques pour faire usage de son propre crédit?

Ce n'est pas le banquier qui donne la valeur à l'argent, mais le crédit du gouvernement, de la société. La seule chose que fait le banquier dans cette transaction, c'est d'apporter une écriture, des chiffres, qui permettent au pays d'utiliser sa propre capacité de production, de faire usage de ses propres richesses.

L'argent n'est pas autre chose que cela: un chiffre. Un chiffre qui donne droit aux produits. L'argent n'est qu'un signe, une création de la loi (Aristote). L'argent n'est pas la richesse, mais le signe qui donne droit à la richesse. Sans produits, l'argent n'a aucune valeur. Alors, pourquoi payer pour des chiffres? Pourquoi payer pour ce qui ne coûte rien à fabriquer?

Et puisque cet argent est basé sur la capacité de production de la société, cet argent appartient aussi à la société. Alors, pourquoi la société devrait-elle payer les banquiers pour l'usage de son propre argent? Pourquoi payer pour l'usage d'un bien qui nous appartient? Pourquoi le gouvernement n'émet-il pas directement son argent, sans passer par les banques?

Graham Towers

Graham Towers

Même le premier gouverneur de la Banque du Canada a admis que le gouvernement fédéral avait le droit d'émettre sa propre monnaie. On posa la question suivante à Graham Towers, qui fut gouverneur de la Banque du Canada de 1935 à 1951, lors de sa comparution devant le Comité parlementaire canadien de la Banque et du Commerce, en avril 1939:

Question : «Pourquoi un gouvernement ayant le pouvoir de créer l'argent devrait-il céder ce pouvoir à un monopole privé, et ensuite emprunter ce que le gouvernement pourrait créer lui-même, et payer intérêt jusqu'au point d'une faillite nationale?»

Réponse de Towers: «Si le gouvernement veut changer la forme d'opération du système bancaire, cela est certainement dans le pouvoir du parlement.»

Thomas Edison

L'inventeur américain Thomas Edison déclarait: **«Si notre nation peut émettre une obligation d'une valeur d'un dollar, elle peut émettre un billet d'un dollar. L'élément qui fait que l'obligation est bonne est le même qui fait que le dollar est bon. La différence entre l'obligation et le dollar est que l'obligation permet aux prêteurs d'argent de ramasser 2 fois le montant de l'obligation plus un 20 pour cent additionnel, alors que l'argent mis en circulation ne paye que ceux qui ont directement contribué à la construction du barrage de quelque manière utile...**

«Il est absurde de dire que notre pays peut émettre 30 millions $ en obligations, et pas 30 millions $ en monnaie. Les deux sont des promesses de payer, mais l'un engraisse les usuriers, et l'autre aiderait le peuple. Si l'argent émis par le gouvernement n'était pas bon, alors, les obligations ne seraient pas bonnes non plus. C'est une situation terrible lorsque le gouvernement, pour augmenter la richesse nationale, doit s'endetter et se soumettre à payer des intérêts ruineux à des hommes qui contrôlent la valeur fictive de l'or.»

Puis voici quelques questions qui sont souvent posées aux créditistes:

Question: Le gouvernement a-t-il le droit de créer son argent? Cet argent serait-il aussi bon que celui des banques?

Réponse: Bien sûr que le gouvernement a le droit, puisque c'est lui-même qui a donné ce droit aux banques. Que le gouvernement se refuse un privilège qu'il accorde lui-même aux banques, c'est le comble de l'imbécillité! C'est d'ailleurs le premier devoir de chaque pays souverain d'émettre sa propre monnaie, mais tous les pays aujourd'hui ont injustement cédé ce droit à des compagnies privées, les banques à charte. Le premier pays à avoir ainsi cédé à des compagnies privées son pouvoir de créer la monnaie fut la Grande-Bretagne, en 1694. Au Canada et aux Etats-Unis, ce droit fut abandonné en 1913.

Aucun danger d'inflation

Question: N'y a-t-il pas danger que le gouvernement abuse de ce pouvoir et émette trop d'argent, et que cela fasse de l'inflation? N'est-il pas préférable de laisser ce pouvoir aux banquiers, afin de laisser ce pouvoir à l'abri des caprices des politiciens?

Réponse: L'argent émis par le gouvernement ne serait pas plus inflationniste que celui émis par les banques: ce seraient les mêmes chiffres, basés sur la même production du pays. La seule différence, c'est que le gouvernement n'aurait pas à s'endetter ni à payer de l'intérêt pour obtenir ces chiffres.

Au contraire, la première cause de l'inflation, c'est justement l'argent créé sous forme de dette par les banques: l'inflation, ça veut dire les prix qui augmentent. Or, l'obligation pour les compagnies et gouvernements qui empruntent de ramener à la banque plus d'argent qu'il en est sorti oblige justement les compagnies à gonfler leurs prix, et les gouvernements à gonfler leurs taxes.

Quel est le moyen qu'utilise actuellement le gouverneur de la Banque du Canada pour combattre l'inflation? Précisément ce qui la fait augmenter en pratique, soit hausser les taux d'intérêts! Comme l'ont dit certains premiers ministres provinciaux, «c'est comme essayer d'éteindre un feu en l'arrosant d'essence.»

Mais il est bien évident que si le gouvernement canadien se mettait à créer ou imprimer de l'argent n'importe comment, sans aucune limite, selon les caprices des hommes au pouvoir, et sans relation avec la production existante, on aurait de l'inflation, et l'argent perdrait sa valeur. Mais ce n'est pas du tout cela que les créditistes proposent.

Comptabilité exacte

Ce que les créditistes de Vers Demain proposent, lorsqu'ils parlent d'argent fait par le gouvernement, c'est que l'argent soit ramené à son rôle propre, qui est d'être un chiffre qui représente les produits, ce qui en fait est une simple comptabilité. Et puisque l'argent n'est qu'un système de comptabilité, il suffirait d'établir une comptabilité exacte.

Le gouvernement nommerait une commission de comptables, un organisme indépendant, qui serait appelé «Office National de Crédit» (au Canada, la Banque du Canada pourrait très bien accomplir cette fonction, si le gouvernement lui en donnait l'ordre). Cet Office National de Crédit serait chargé d'établir une comptabilité juste, où l'argent ne serait que le reflet, l'expression financière exacte des réalités économiques: la production serait exprimée par un actif, et la destruction par un passif. Et comme on ne peut consommer plus que ce qui est produit, le passif ne pourrait jamais dépasser l'actif, et tout endettement serait impossible.

En pratique, voici comment cela fonctionnerait: l'argent nouveau serait émis par l'Office National de Crédit au rythme de la production nouvelle, et retiré de la circulation au rythme de la consommation de cette production (La brochure de Louis Even, *Une finance saine et efficace*, explique ce mécanisme en détail). Il n'y aurait donc aucun danger d'avoir plus d'argent que de produits: on aurait un équilibre constant entre l'argent et les produits, l'argent garderait toujours sa même valeur, et toute inflation serait impossible. L'argent ne serait pas émis selon les caprices du gouvernement, puisque la commission de comptables de l'Office National de Crédit ne ferait qu'agir selon les faits, selon ce que les Canadiens produisent et consomment.

La meilleure façon d'empêcher les prix de monter, c'est de les faire baisser. Le Crédit Social propose de plus un mécanisme pour abaisser les prix, appelé «escompte compensé», qui permettrait aux consommateurs de pouvoir se procurer toute la production mise en vente avec le pouvoir d'achat dont ils disposent, en abaissant le prix de vente des produits (un escompte) d'un certain pourcentage, pour que le prix total de tous les prix soit équivalent au pouvoir d'achat total disponible des consommateurs. Cet escompte est ensuite remboursé au marchand par l'Office National de Crédit. (*Cela sera expliqué dans la leçon 6*.)

Plus aucun problème financier

Si le gouvernement créait son propre argent selon les besoins de la société, il serait automatiquement capable de payer tout ce qu'il est capable de produire, et n'aurait plus besoin d'emprunter des institutions financières de l'étranger ou d'ici. Les seules taxes que les gens paieraient, seraient pour les services qu'ils consomment. On n'aurait plus à payer trois ou quatre fois le prix de développements publics à cause des intérêts.

Ainsi, quand il serait question d'un nouveau projet, le gouvernement ne se demanderait pas: «A-t-on l'argent?», mais «A-t-on les matériaux, les travailleurs pour le réaliser?» Si oui, l'argent viendrait automatiquement financer cette production nouvelle. La population canadienne pourrait réellement vivre selon ses véritables moyens, les moyens physiques, les possibilités de production. En d'autres mots, tout ce qui est physiquement possible serait rendu financièrement possible. Il n'y aurait plus à proprement parler de problèmes financiers, la seule limite serait la capacité de production du pays. Le gouvernement pourrait financer tous les développements et programmes sociaux que la population réclamerait et qui seraient physiquement réalisables.

Certains diront que si on ne veut pas s'endetter, on n'a qu'à ne pas emprunter. Mais comme on l'a vu précédemment, si personne n'empruntait d'argent de la banque, il n'y aurait tout simplement pas un sou en circulation, puisque tout l'argent est créé par les banques sous forme de prêt. Seulement pour maintenir le même niveau d'argent en circulation, il faut s'endetter à perpétuité. D'ailleurs, il n'existe même pas assez d'argent dans la pays pour payer la dette fédérale... sans tenir comptes des dettes des provinces, des compagnies, et des consommateurs !

Dans le système actuel, faire des coupures pour réduire le déficit et tenter de rembourser la dette, c'est absurde et même criminel, puisque cela ne fait que rendre l'argent plus rare. Loin d'apporter la prospérité, cela amènerait une crise économique sans précédent. L'argent pouvant être considéré comme étant le sang de la vie économique, ça serait comme vider l'organisme économique de son sang, et entraîner la mort à brève échéance.

Citons encore l'échange entre MM. Patman et Eccles, au Comité de la Chambre des Représentants des Etats-Unis sur la Banque et le Numéraire, le 30 septembre 1941:

Patman: «Vous avez déclaré que les gens devraient payer leurs dettes au lieu de dépenser leur argent. Vous vous rappelez de cette déclaration, je suppose ?»

Eccles: «C'était en rapport avec les achats à crédit.»

Patman: «Croyez-vous que les gens devraient payer leurs dettes quand ils le peuvent, généralement ?»

Eccles: «Je pense que cela dépend en grande partie de l'individu; mais, bien sûr, s'il n'y avait pas de dette dans notre système monétaire...»

Patman: «C'est la question que je voulais vous demander.»

Eccles: «Il n'y aurait plus du tout d'argent.»

Patman: "Supposons que tout le monde paie ses dettes, il n'y aurait plus d'argent pour faire marcher les affaires ?»

Eccles: «C'est exact.»

Patman: «En d'autres mots, notre système est basé entièrement sur la dette.»

Comment espérer se sortir de dette lorsque tout l'argent pour payer la dette est créé en créant une dette? Dans le système actuel, l'équilibre du budget est une camisole absurde. Ce qu'il faut équilibrer, c'est la capacité de payer à la capacité de produire, et non pas à la capacité de taxer. Puisque c'est la capacité de produire qui est la réalité, c'est la capacité de payer qu'il faut modeler sur la capacité de produire : rendre financièrement possible ce qui est physiquement réalisable.

Rembourser la dette?

S'acquitter d'une dette est simple justice si la dette est juste. Dans le cas de la dette publique, la justice est de ne point faire de dette, tout en développant le pays. Premièrement, cesser de bâtir des dettes, et pour la dette existante, les seules obligations à reconnaître seraient celles des épargnants, de ceux qui n'ont pas le pouvoir de créer l'argent. La dette diminuerait au cours des années, au fur et à mesure que les obligations viendraient à échéance.

Le gouvernement honorerait intégralement les seules dettes dont l'origine représente un déboursé réel de la part du créancier: obligations acquises par les individus, et non pas les obligations acquises par l'argent créé par les banquiers, qui ne sont que des dettes fictives, créées d'un trait de plume. Ces dettes dues aux banquiers, le gouvernement n'aurait qu'à les effacer, ce qui signifierait l'effacement immédiat de la plus grande partie des dettes du Canada et des autres pays développés, et pratiquement la totalité des dettes des pays du Tiers-Monde). Les banques ne perdraient absolument rien, puisque ce sont elles-mêmes qui avaient créé cet argent, qui n'existait pas avant.

Jean-Paul II

On voit donc que le Pape Jean-Paul II a tout à fait raison de demander l'abolition des dettes publiques pour le Jubilé de l'an 2000. Dans sa lettre apostolique sur la préparation de ce Jubilé, le Saint-Père dit que, dans l'esprit du Livre du Lévitique (25, 8-28), il faut penser à «une réduction importante, sinon à un effacement total, de la dette internationale qui pèse sur le destin de nombreuses nations.» Dans ce livre de l'Ancien Testament, il est fait mention de l'année du jubilé qui était célébrée par les Israélites à tous les cinquante ans, et où toutes les dettes étaient effacées.

Contrôle social de l'argent

C'est saint Louis, roi de France, qui disait: **Le premier devoir d'un roi est de frapper l'argent lorsqu'il en manque pour la bonne vie économique de ses sujets.**

Saint Louis IX

Il n'est pas du tout nécessaire ni recommandable de supprimer les banques, ni de les nationaliser. Le banquier est un expert en comptabilité et en placements: qu'il continue à recevoir et faire fructifier les épargnes, prenant sa part de profit. Mais manufacturer l'argent est un acte de souveraineté qui ne doit pas être lié à la banque. Il faut sortir la souveraineté de la banque et la replacer entre les mains de la nation.

L'argent de chiffres est une bonne invention moderne, qu'il faut garder. Mais au lieu d'avoir leur origine sous une plume privée, à l'état de dette, les chiffres qui servent d'argent doivent naître sous la plume d'un organisme national, à l'état d'argent serviteur.

Rien donc à bouleverser dans la propriété ni dans les expertises. Pas besoin de supprimer l'argent actuel pour en mettre d'autre à sa place. Il faut seulement qu'un organisme monétaire social ajoute à l'argent qu'il y a déjà d'autre argent de même nature, à mesure des possibilités du pays et des besoins de la population.

On doit cesser de souffrir de privations lorsqu'il y a tout ce qu'il faut dans le pays pour placer l'aisance dans chaque foyer. L'argent doit venir d'après la capacité de produire du pays et d'après les désirs des consommateurs vis-à-vis de biens utiles possibles.

C'est donc l'ensemble des producteurs et l'ensemble des consommateurs, toute la société, qui, en produisant les biens en face des besoins, détermine la quantité d'argent nouveau qu'un organisme agissant au nom de la société doit ajouter de temps en temps, à mesure des développements du pays. Le peuple retrouverait ainsi son droit de vivre, sa pleine vie humaine, en rapport avec les ressources du pays et les grandes possibilités modernes de production.

A qui l'argent neuf?

L'argent doit donc être mis au monde à mesure que le rythme de la production et les besoins de la distribution l'exigent. Mais à qui appartient cet argent neuf en venant au monde? — Cet argent appartient aux citoyens eux-mêmes. Pas au gouvernement, qui n'est pas le propriétaire du pays, mais seulement le gardien du bien commun. Pas non plus aux comptables de l'organisme monétaire national: comme les juges, ils remplissent une fonction sociale et sont payés statutairement par la société pour leurs services.

A quels citoyens? — A tous. Ce n'est pas un salaire. C'est une injection d'argent nouveau dans le public, pour permettre au public consommateur de se procurer des produits faits ou facilement réalisables, qui n'attendent qu'un pouvoir d'achat suffisant pour les mettre en mouvement.

On ne peut une minute se représenter que l'argent nouveau, sorti gratuitement d'un organisme social, appartienne seulement à un ou quelques individus en particulier. Il n'y a pas d'autre moyen, en toute justice, de mettre cet argent nouveau en circulation qu'en le distribuant également entre tous les citoyens sans exception. C'est en même temps le meilleur moyen de rendre l'argent effectif, puisque cette distribution le répartit dans tout le pays.

Supposons que le comptable qui agit au nom de la nation, constatant qu'il manque 1 milliard de dollars pour répondre aux réalités, en décide l'émission. Cette émission peut être de l'argent de chiffres, simple inscription dans un livre, comme celui du banquier aujourd'hui.

Mais, puisqu'il y a 31 millions de Canadiens et 1 milliard à distribuer, cela fait 32,25 $ pour chacun. Le comptable va donc faire inscrire 32,25 $ dans le compte de chaque citoyen. Ces comptes individuels peuvent très bien être tenus par les bureaux de poste locaux. Ou bien encore par des succursales d'une banque, propriété de la nation.

Ce serait un dividende national. Chaque citoyen aurait 32,25 $ de plus, à son propre crédit, dans un compte de naissance d'argent. Argent créé par un organisme monétaire national, institution établie spécialement à cette fin par une loi du Parlement.

Le dividende à chacun

Chaque fois qu'il faut augmenter l'argent du pays, chaque homme, femme, enfant, vieillard, bébé, aurait ainsi sa part de la nouvelle étape de progrès qui rend de l'argent neuf nécessaire.

Ce n'est pas un salaire pour du travail accompli, c'est un dividende à chacun, pour sa part d'un capital commun. S'il y a des propriétés privées, il y a aussi des biens communs, que tous possèdent au même titre.

Voici un homme qui n'a rien que les guenilles dont il est couvert. Pas un repas devant lui, pas un sou dans sa poche. Je puis lui dire:

«Mon cher, tu crois être pauvre, mais tu es un capitaliste qui possède bien des choses au même titre que moi et que le premier ministre. Les chutes d'eau de la province, les forêts de la couronne, c'est à toi comme à moi, et ça peut bien te rapporter quelque chose chaque année.

«L'organisation sociale, qui fait qu'on produit cent fois plus et mieux que si on vivait isolément, c'est à toi comme à moi, et ça doit te valoir quelque chose à toi comme à moi.

«La science qui fait se multiplier la production avec presque pas de travail, c'est un héritage transmis et grossi avec les générations; et toi, de ma génération, tu dois en avoir ton bénéfice au même titre que moi.

«Si tu es pauvre et dénué, mon cher, c'est qu'on t'a volé ta part. Surtout on l'a mise sous clé. Quand tu manques de pain, ce n'est pas du tout parce que les riches consomment tout le blé du pays; c'est parce que ta part reste dans l'élévateur, on te prive du moyen de l'obtenir.

«C'est le dividende du Crédit Social qui va te rendre ta part, au moins le principal morceau. Une administration dégagée des liens du financier, mieux capable de mettre les exploiteurs d'hommes à la raison, te rendra le reste.

C'est cela aussi qui va reconnaître ton titre de membre de l'espèce humaine, en vertu duquel tu as droit à une part des biens de ce monde, au moins à la part nécessaire pour exercer ton droit de vivre.

L'argent doit-il réclamer de l'intérêt?

Nous croyons qu'il n'est pas une chose au monde qui ait prêté à autant d'abus que l'argent. Pas parce que l'argent est une chose mauvaise en soi. Bien au contraire, c'est probablement une des plus géniales inventions de l'homme pour assouplir les échanges, favoriser l'écoulement des biens à la demande des besoins, et faciliter la vie en société.

Mais, mettre l'argent sur un autel, c'est de l'idolâtrie. Faire de l'argent une chose vivante qui donne naissance à d'autre argent, c'est anti-naturel.

L'argent ne fait pas de petits, selon l'expression du grand philosophe Aristote. Et pourtant, qui saura compter les contrats, contrats entre individus, contrats entre gouvernements et créanciers, aux termes desquels l'argent doit faire des petits, sous peine de confiscation de propriété ou de liberté?

Peu à peu, tous se sont rangés derrière la théorie, et derrière la pratique surtout, que l'argent doit produire de l'intérêt. Et malgré tout l'enseignement chrétien dans le sens contraire, la pratique a fait tellement de chemin que, pour ne pas perdre dans la concurrence endiablée autour de la fécondité de l'argent, tout le monde aujourd'hui doit se conduire comme s'il était naturel pour l'argent de faire des petits. L'Eglise n'a pas rescindé ses vieilles lois, mais il lui est devenu impossible d'en exiger l'application.

Les méthodes employées pour financer la croisade actuelle (la guerre mondiale No 2), dans laquelle nous sommes les acolytes de Churchill, Roosevelt et Staline pour défendre la chrétienté, consacrent solennellement la règle que l'argent, même l'argent jeté à la mer ou dans les flammes d'incendies de villes, doit porter de l'intérêt. Nous faisons ici allusion aux emprunts de la Victoire, qui financent la destruction, ne produisent rien et doivent quand même porter intérêt.

Intérêt et dividende

Pour que nos lecteurs ne perdent pas connaissance en pensant à leurs économies placées dans l'industrie ou dans des institutions de prêts, hâtons-nous de faire quelques distinctions.

Si l'argent ne peut pas grossir par lui-même, il y a des choses que l'argent achète et qui produisent logiquement des développements. Ainsi, je consacre 5000 $ à l'achat d'une ferme, ou d'animaux, ou de semence, ou d'arbres, ou de machinerie. Avec du travail intelligent, je ferai ces choses en produire d'autres.

Le 5000 $ a été un placement. De lui-même il n'a rien produit; mais grâce à ce 5000 $, j'ai pu me procurer des choses qui ont produit.

Supposons que je n'avais pas ce 5000 $. Mais mon voisin l'avait et n'en avait pas besoin pour d'ici quelques semaines. Il me l'a prêté. Je crois qu'il sera convenable pour moi de lui marquer ma reconnaissance en lui passant une petite partie des produits que j'obtiens grâce au capital producteur que j'ai ainsi pu me procurer.

C'est mon travail qui a rendu son capital profitable, oui. Mais ce capital lui-même représente du travail accumulé. Nous sommes donc deux, dont les activités, passées pour lui, présentes pour moi, font surgir de la production. Le fait pour lui d'avoir attendu à tirer sur la production du pays en récompense de son travail, m'a permis à moi d'obtenir des moyens de production que je n'aurais pas eus sans cela.

Nous pouvons donc nous diviser les fruits de cette collaboration. La production due au capital est à déterminer, par entente et par l'équité.

Ce que mon prêteur va retirer dans ce cas est, à proprement parler, un dividende (nous avons divisé les fruits).

Le dividende est parfaitement justifiable, lorsqu'il y a production fructueuse.

* * *

Ce n'est pas tout à fait l'idée qu'on attache généralement au mot «intérêt». L'intérêt est une réclamation faite par l'argent, en fonction du temps seulement, et indépendamment des résultats du prêt.

Voici 1000 $. Je les place dans des obligations fédérales, provinciales ou municipales. S'il s'agit d'obligations à 10%, je devrai toucher 100 $ d'intérêt tous les ans, aussi vrai que la terre a fait une fois le tour du soleil pendant ce temps-là. Même si le capital est engouffré sans aucun profit, il me faut mon 100 $. Cela, c'est l'intérêt.

Nous ne voyons rien qui justifie cette réclamation, sauf l'habitude reçue. Elle ne repose sur aucun principe. Donc: dividende, oui, parce que c'est subordonné à une croissance de la production. Intérêt, en soi, non, parce que c'est dissocié des réalités, c'est basé sur la fausse idée d'une gestation naturelle et périodique de l'argent.

Placements indirects

Dans la pratique, celui qui apporte son argent à la banque le place indirectement dans l'industrie productive. Les banquiers sont des prêteurs de profession, et le déposant leur passe son argent, parce qu'ils sont mieux que lui capables de le faire fructifier, sans qu'il ait à s'en occuper.

Le petit intérêt que le banquier inscrit au crédit du déposant de temps en temps, même à taux fixe, est en réalité un dividende, une partie des revenus que le banquier, avec le concours d'emprunteurs, a obtenus d'activités productrices.

Placements anonymes

En passant, disons un mot de la moralité des placements. Bien des gens ne se préoccupent aucunement de l'utilité ou de la nocivité des activités que leur argent va financer. Dès lors que ça rapporte, disent-ils, c'est bon. Et plus ça rapporte, meilleur est le placement. Un païen ne raisonnerait pas autrement.

Si le propriétaire d'une maison n'a pas le droit de la louer pour un bordel, alors que ce serait bien payant, le propriétaire d'épargnes n'a pas plus le droit de les placer dans des entreprises qui ruinent les âmes, même si elles remplissent des poches.

Il serait d'ailleurs bien préférable que le bailleur de fonds et l'entrepreneur fussent moins dissociés. L'industrie moins grosse d'autrefois était beaucoup plus saine: le financier et l'entrepreneur étaient la même personne. Le marchand du coin est encore dans le même cas. Pas le magasin à chaînes. La coopérative, l'association de personnes, gardent la relation entre l'usage de l'argent et son propriétaire, et ont l'avantage de permettre des entreprises qui dépassent les ressources d'une seule personne.

L'accroissement de l'argent

A la question du début: L'argent doit-il réclamer de l'intérêt? nous sommes donc portés à répondre: L'argent peut réclamer des dividendes lorsqu'il y a fruits. Autrement, non.

Si les contrats sont faits autrement, si le cultivateur doit rembourser des intérêts même quand ses récoltes sont manquées, si les fermiers de l'Ouest doivent honorer des engagements à 7% alors que les financiers qui mènent le monde causent la baisse des prix au tiers de ce qu'ils étaient, cela ne change rien au principe. Cela prouve tout simplement qu'on a substitué l'artifice à la réalité.

Mais si l'argent a droit à des dividendes, lorsqu'il y a augmentation de la production, encore est-il que cette augmentation de la production doit créer automatiquement une augmentation d'argent. Sinon, le dividende, tout en étant parfaitement dans l'ordre, devient impossible à satisfaire sans porter atteinte au public d'où on l'extrait.

Je disais tantôt: Si, grâce aux 5000 $ qui m'ont permis d'acheter des instruments aratoires j'ai augmenté ma production, le prêteur a droit à une partie de ces bons résultats. Très bien, et rien de plus facile si je lui passe une partie de ces produits accrus. Mais si c'est de l'argent qu'il faut lui passer, c'est une autre affaire. S'il n'y a pas dans le public accroissement d'argent, ma production accrue crée un problème: plus de biens offerts, pas plus d'argent en face. Je puis réussir à déplacer un autre vendeur, mais lui sera la victime.

On me dira que le 5000 $ a dû contribuer à augmenter l'argent en circulation. Oui, mais je dois repomper le 5000 $ plus ce que j'appelle dividende, ce que d'autres appellent intérêt.

Le problème n'est donc point réglé. Et dans notre système économique, il ne peut pas l'être. Pour que l'argent augmente, il faut que la banque, seule place où se crée l'augmentation, en prête quelque part; et en le prêtant, elle en exige un remboursement également accrû. Le problème fait boule de neige.

Le système du Crédit Social réglerait le cas, comme bien d'autres cas d'ailleurs. Le dividende est une chose légitime, normale, logique. Mais le système actuel ne permet pas de le servir sans que ça fasse mal quelque part.

Notre-Seigneur chasse les changeurs d'argent du Temple

La seule fois dans l'Evangile où il est mentionné que Jésus fit usage de violence, c'est justement pour condamner cet intérêt exigé sur l'argent créé, lorsqu'il chassa les changeurs d'argent du Temple avec un fouet, et renversa leur table (tel que rapporté dans saint Matthieu 21, 12-13, et saint Marc 11, 15-19):

Il existait en ce temps-là une loi qui stipulait que la dîme ou taxe au temple de Jérusalem devait être payée par une pièce de monnaie spéciale, appelée «demi-shekel du sanctuaire», dont les changeurs d'argent s'étaient justement arrangés pour obtenir le monopole. Il y avait plusieurs sortes de pièces en ce temps-là, mais les gens devaient obtenir cette pièce spécifique pour payer leur dîme. De plus, les colombes et les animaux que les gens devaient acheter pour offrir en sacrifice ne pouvaient être achetés autrement que par cette monnaie, que les changeurs d'argent échangeaient aux pèlerins, mais moyennant de deux à trois fois sa valeur réelle en temps normal. Jésus renversa leur table et leur dit: «Ma maison est une maison de prière, et vous en avez fait une caverne de voleurs.»

L'enseignement de l'Église

La Bible contient plusieurs textes qui condamnent clairement le prêt à intérêt. Par ailleurs, plus de 300 ans avant Jésus-Christ, le grand philosophe grec Aristote condamnait lui aussi le prêt à intérêt, faisant remarquer que l'argent, n'étant pas une chose vivante, ne pouvait donner naissance à d'autre argent: «L'argent ne fait pas de petits», dit-il. De plus, les Pères de l'Eglise, depuis les temps les plus anciens, ont toujours dénoncé sans équivoque l'usure. Saint Thomas d'Aquin, dans sa Somme Théologique (2-2, question 78), résume l'enseignement de l'Eglise sur le prêt à intérêt:

«Il est écrit dans le livre de l'Exode (22, 24): "Si tu prêtes de l'argent à quelqu'un de mon peuple, au pauvre qui est avec toi, tu ne seras point à son égard comme un créancier, tu ne l'accableras pas d'intérêts." Recevoir un intérêt pour l'usage de l'argent prêté est de soi injuste, car c'est faire payer ce qui n'existe pas; ce qui constitue évidemment une inégalité contraire à la justice... c'est en quoi consiste l'usure. Et comme l'on est tenu de restituer les biens acquis injustement, de même l'on est tenu de restituer l'argent reçu à titre d'intérêt.»

Saint Thomas d'Aquin

En réponse au texte de l'Evangile sur la parabole des talents (Matthieu 25, 14-30 et Luc 19, 12-27), qui, à première vue, semble justifier l'intérêt («Serviteur mauvais... tu aurais dû placer mon argent à la banque, et à mon retour, j'aurais retiré mon argent avec les intérêts»), saint Thomas d'Aquin écrit:

«Les intérêts dont parle l'Evangile doivent s'entendre dans un sens métaphorique; ils désignent le surcroît de biens spirituels exigé par Dieu, qui veut que nous fassions toujours un meilleur usage des biens qu'il nous a confiés, mais c'est pour notre avantage et non pour le sien.»

Ce texte de l'Evangile ne peut donc pas justifier l'intérêt puisque, dit saint Thomas, «on ne peut fonder un argument sur des expressions métaphoriques».

Un autre texte causant difficulté est celui de Deutéronome 23, 20-21: «Tu n'exigeras de ton frère aucun intérêt, ni pour un prêt d'argent, ni pour du grain, ni pour autre chose. Tu ne pourras recevoir d'intérêt que d'un étranger». Saint Thomas explique:

«Il était interdit aux Juifs de toucher un intérêt de la part de "leurs frères", c'est-à-dire des autres Juifs; ce qui donne à entendre que percevoir l'intérêt d'un prêt, de quelque homme qu'on le reçoive, est mal, absolument parlant. Nous devons, en effet, regarder tout homme "comme notre prochain et notre frère" surtout d'après la loi évangélique qui doit régir l'humanité. Aussi le Psalmiste, parlant du juste, dit-il sans restriction: "Il ne prête pas son argent à intérêt" (14, 4), et Ezéchiel (18, 17): "Il ne pratique pas l'usure, et ne prend pas d'intérêts".»

Si les Juifs étaient autorisés à recevoir un intérêt de la part des étrangers, dit saint Thomas, c'était une tolérance pour éviter un plus grand mal, de peur qu'ils ne perçussent des intérêts sur les Juifs eux-mêmes, adorateurs du vrai Dieu. Saint Ambroise, commentant le même texte («tu pourras prêter à intérêt aux étrangers»), voit dans le mot «étrangers» le sens d'«ennemis» et conclut: «A celui auquel tu désires légitimement nuire, à celui contre lequel tu prends justement les armes, à celui-là tu peux à bon droit prendre des intérêts.»

Saint Ambroise dit aussi: «Qu'est-ce que le prêt à intérêt, sinon tuer un homme?»

Saint Jean Chrysostome: «Rien n'est plus honteux, ni plus cruel que l'usure.»

Saint Léon: «C'est une avarice injuste et insolente que celle qui se flatte de rendre service au prochain alors qu'elle le trompe... Celui-là jouira du repos éternel qui entre autres règles d'une conduite pieuse n'aura pas prêté son argent à usure... tandis que celui qui s'enrichit au détriment d'autrui, mérite en retour la peine éternelle.»

En 1311, au Concile de Vienne, le pape Clément V déclarait nulle et vaine toute la législation civile en faveur de l'usure, et «si quelqu'un tombe dans cette erreur d'oser audacieusement affirmer que ce n'est pas un péché que de faire l'usure, nous décrétons qu'il sera puni comme hérétique et nous ordonnons à tous les ordinaires et inquisiteurs de procéder vigoureusement contre tous ceux qui seront soupçonnés de cette hérésie.»

Vix Pervenit

Benoît XIV

Le 1er novembre 1745, le pape Benoît XIV publiait l'encyclique *Vix Pervenit*, adressée aux évêques italiens, au sujet des contrats, où l'usure, ou prêt à intérêt, est clairement condamnée. Le 29 juillet 1836, le pape Grégoire XVI étendait cette encyclique à l'Eglise universelle. Il y est écrit:

«L'espèce de péché qu'on appelle usure, et qui réside dans le contrat de prêt, consiste en ce qu'une personne, s'autorisant du prêt même, qui par sa nature demande qu'on rende seulement autant qu'on a reçu, exige qu'on lui rende plus qu'on a reçu et soutient conséquemment qu'il lui est dû, en plus du capital, quelque profit, en considération du prêt même. C'est pour cette raison que tout profit de cette sorte qui excède le capital est illicite et usuraire.

«Et certes, pour ne pas encourir cette note infamante, il ne servirait à rien de dire que ce profit n'est pas excessif, mais modéré; qu'il n'est pas grand, mais petit... En effet, la loi du prêt a nécessairement pour objet l'égalité entre ce qui a été donné et ce qui a été rendu... Par conséquent, si une personne quelconque reçoit plus qu'elle n'a donné, elle sera tenue à restituer pour satisfaire au devoir que lui impose la justice dite commutative...»

En 1891, le pape Léon XIII écrivait dans son encyclique *Rerum Novarum*:

«Une usure dévorante est venue ajouter encore au mal. Condamnée à plusieurs reprises par le jugement de l'Eglise, elle n'a cessé d'être pratiquée sous une autre forme par des hommes avides de gain, et d'une insatiable cupidité...»

L'enseignement de l'Eglise sur le sujet est donc très clair, mais, comme le disait Louis Even précédemment, «malgré tout l'enseignement chrétien dans le sens contraire (que l'argent doit produire de l'intérêt), la pratique a fait tellement de chemin que, pour ne pas perdre dans la concurrence endiablée autour de la fécondité de l'argent, tout le monde aujourd'hui doit se conduire comme s'il était naturel pour l'argent de faire des petits. L'Eglise n'a pas rescindé ses vieilles lois, mais il lui est devenu impossible d'en exiger l'application.»

A ce sujet, il est intéressant de considérer l'expérience récente des banques islamiques: le Coran — le livre saint des musulmans — condamne l'usure, tout comme la Bible des chrétiens. Mais les musulmans ont pris ces paroles au sérieux, et ont établi, depuis 1979, un système bancaire en accord avec les règles du Coran: les banques prêtent sans intérêt, et au lieu de payer des intérêts aux déposants, elles les associent aux projets dans lesquels elles investissent: si ces projets font des profits, les banques partagent ces profits avec leurs déposants. Ce n'est pas encore tout à fait le Crédit Social, mais au moins, c'est une tentative plus qu'honorable de mettre le système bancaire en accord avec les lois morales.

Gouvernements, au lieu de fouetter le peuple, fouettez donc le banquier

Si le pays créait l'argent pour le peuple, finis les dettes, taxes, chômage, faillites

Questions

Après la lecture de cette leçon, le lecteur devrait être capable de répondre aux questions suivantes:

1. Qu'est-ce qui donne à la monnaie sa valeur?

2. Selon Edison, quelle est la différence entre 30 millions $ émis en obligations et 30 millions $ émis en monnaie?

3. Qu'est-ce que l'inflation, et peut-il y avoir danger d'inflation si la société crée sa propre monnaie? Expliquez.

4. Dans le système actuel, si personne n'emprunte d'argent, qu'arrive-t-il? Est-ce une bonne chose?

5. Les dettes publiques doivent-elles être remboursées? Si oui, de quelle manière?

6. A qui doit appartenir l'argent nouveau dans le pays? De quelle façon cet argent doit-il être mis en circulation?

7. Dans quels cas l'argent peut-il réclamer de l'intérêt? Expliquez.

8. En quelles circonstances Jésus a-t-il fait usage de violence dans l'Évangile? Expliquez.

9. Que dit l'encyclique *Vix Pervenit* de Benoît XIV au sujet de l'intérêt?

10. Sur quel principe les banques islamiques fonctionnent-elles?

Leçon 5

Le manque chronique de pouvoir d'achat
Le dividende

Il ne suffit pas de financer la production. Il faut aussi que les produits aillent à ceux qui en ont besoin. C'est même la seule vraie raison d'être des produits: combler des besoins.

Il faut donc que les produits soient distribués. Comment le sont-ils aujourd'hui, et comment le seraient-ils sous un régime de Crédit Social?

Aujourd'hui, les produits sont offerts à un certain prix. Les personnes qui ont de l'argent achètent ces produits en y mettant le prix. Cela permet aux personnes qui ont de l'argent de choisir les produits qui leur conviennent.

Le Crédit Social ne bouleverserait point cette méthode de distribuer les produits. La méthode est souple et bonne — à condition, évidemment, que les individus qui ont des besoins aient en même temps du pouvoir d'achat pour choisir les produits qui conviennent à leurs besoins.

Du pouvoir d'achat entre les mains de ceux qui ont des besoins: c'est justement là que le système actuel a des défauts, et que le Crédit Social corrigerait ces défauts.

Quand la production est financée, elle fonctionne. Quand elle fonctionne, elle distribue l'argent qui sert à la financer.

L'argent ainsi distribué, sous forme de salaires, profits, dividendes industriels, constitue du pouvoir d'achat pour ceux qui le reçoivent. Mais:

1. **Premièrement, l'industrie ne distribue jamais le pouvoir d'achat au même régime qu'elle bâtit ses prix.**

2. **Deuxièmement, la production ne distribue pas de pouvoir d'achat à tout le monde. Elle n'en distribue qu'à ceux qui sont employés par elle.**

Et on hésite encore à changer la roue!

Même si les banques ne chargeaient aucun intérêt sur l'argent qu'elles prêtent, il existerait toujours un manque de pouvoir d'achat, car jamais l'argent distribué en salaires ne peut acheter toute la production, qui comprend d'autres éléments dans ses prix.

Les économistes prétendent que la production finance automatiquement la consommation, que les salaires distribués suffisent pour acheter tous les biens mis en vente, mais les faits prouvent le contraire. L'ingénieur écossais Clifford Hugh Douglas fut le premier à démontrer ce manque chronique de pouvoir d'achat, et à y apporter une solution scientifique, connue sous le nom de «Crédit Social». Douglas explique ainsi ce manque de pouvoir d'achat:

A ne peut acheter A + B

Le producteur doit inclure dans ses prix tous ses coûts de production s'il désire rester en affaires. Les salaires distribués à ses employés — appelés «paiements A» — ne sont qu'une partie du coût de production du produit. Le producteur a aussi d'autres coûts de production qui ne sont pas distribués en salaires, mais qu'il doit inclure dans ses prix: les paiements pour les matériaux, les taxes, les frais bancaires, l'entretien et le remplacement des machines, etc. Douglas appelle ces paiements faits à d'autres organisations les «paiements B».

Le prix de vente du produit doit inclure tous les coûts: les salaires (A) et les autres paiements (B). Le prix de vente du produit sera donc A + B. Alors, il est évident que les salaires (A) ne peuvent acheter la somme de tous les coûts (A + B). Il y a donc un manque chronique de pouvoir d'achat dans le système.

Quand le produit fini est offert au public, il est accompagné de son prix. Mais une partie de l'argent figurant dans ce prix fut distribuée, peut-être, il y a six mois, un an, ou plus. Une autre partie le sera seulement après que le produit aura été vendu et que le marchand se sera servi de son profit. Une autre partie, dans dix ans peut-être, quand la machine, dont l'usure est inscrite en frais dans les prix, sera remplacée par une machine neuve. Etc.

Puis, il y a des personnes qui reçoivent de l'argent et ne s'en servent pas. Cet argent est dans les prix; il n'est pas dans le pouvoir d'achat de ceux qui ont besoin des produits.

Le remboursement des prêts bancaires à terme fixé et le système fiscal actuel accentuent encore la discordance entre les prix et le pouvoir d'achat. D'où l'accumulation des produits. D'où le chômage, et le reste.

Certains peuvent répliquer que les entreprises payées par les paiements «B» (celles ayant fourni la matière première, la machinerie, etc.) paient des salaires à leurs propres employés, et qu'une partie des paiements «B» devient ainsi des paiements «A» (salaires). Cela ne change rien à la vérité de ce qui a été dit précédemment: c'est tout simplement un salaire distribué à une autre étape de la production, et ce salaire (A) ne se distribue pas sans entrer dans un prix, qui ne peut être moindre que A + B; l'écart existe toujours.

Pauvre âne! Allonger la perche ne rapproche pas le navet!

Le dividende du Crédit Social augmenterait les revenus sans augmenter les prix ni les salaires

Même si on essaie d'augmenter les salaires pour rattraper les prix, la hausse des salaires sera incluse automatiquement dans les prix, et rien ne sera réglé. (C'est comme un chien qui court après sa queue, ou comme l'âne qui court après le navet sur la caricature de la page précédente.) Pour pouvoir acheter toute la production, il faut donc un revenu supplémentaire en dehors des salaires, au moins égal à B. C'est ce que ferait le dividende du Crédit Social, accordé à chaque mois à chaque citoyen du pays. (Ce dividende serait financé par de l'argent nouveau créé par la nation, et non pas par les taxes des contribuables, car ce serait alors de l'argent provenant des salaires.)

Ce qui maintient le système actuel

Sans cette autre source de revenu (le dividende), il devrait y avoir théoriquement, dans le système actuel, une montagne de produits invendus. Si les produits se vendent tant bien que mal malgré tout, c'est qu'on a à la place une montagne de dettes! En effet, puisque les gens n'ont pas assez d'argent, les marchands doivent encourager les ventes à crédit pour écouler leur marchandise. Mais cela ne suffit pas pour combler le manque de pouvoir d'achat.

Alors on insistera sur le besoin de travaux qui distribueront des salaires sans augmenter la quantité de biens consommables mis en vente: les travaux publics (construction ou réparation de ponts ou de routes), la production d'armements de guerre (sous-marins, frégates, avions, etc.). Mais tout cela ne suffit pas non plus.

Alors chaque pays cherchera à avoir une «balance commerciale favorable», c'est-à-dire exporter, vendre à l'étranger plus de produits qu'on en reçoit, pour obtenir ainsi de l'étranger de l'argent qui servira à combler notre pouvoir d'achat déficient et acheter nos propres produits. Or, il est impossible pour tous les pays d'avoir une «balance commerciale favorable»: si certains pays réussissent à exporter plus de produits qu'ils en importent, ça prend nécessairement aussi, en contrepartie, des pays qui reçoivent plus de produits qu'ils en envoient. Mais comme tous les pays veulent vendre à l'étranger plus de produits qu'ils en reçoivent, cela cause entre ces pays des conflits commerciaux, qui peuvent même dégénérer en conflits armés.

Alors, comme dernière trouvaille, les économistes ont découvert un endroit où envoyer nos produits sans rien risquer de recevoir en retour, un endroit où il n'y a aucun habitant: la lune, l'espace. En effet, on dépensera des milliards pour construire des fusées pour aller sur la lune ou d'autres planètes; tout cet énorme gaspillage de ressources simplement dans le but de générer des salaires qui serviront à acheter la production qui reste invendue dans notre pays. C'est le cas de le dire, les économistes sont vraiment dans la lune!

Le progrès remplace le besoin de labeur humain

Le deuxième défaut du système actuel est que la production ne distribue pas de pouvoir d'achat à tout le monde. Elle n'en distribue qu'à ceux qui sont employés par elle. Et plus la production provient des machines, moins elle provient du travail humain. Elle augmente alors même que l'emploi nécessaire diminue. Il y a donc conflit entre le progrès qui supprime le besoin de labeur, et le règlement qui ne distribue de pouvoir d'achat qu'à l'emploi.

Pourtant, tout le monde a le droit de vivre. Et tout le monde a droit aux nécessités de la vie. Les biens de la terre ont été créés pour tous les hommes, pas seulement pour les employables.

C'est pourquoi le Crédit Social ferait ce que le système actuel ne fait pas. Sans supprimer la récompense au travail, il distribuerait à tous un revenu périodique, appelé dividende social — revenu lié à la personne et non pas à l'emploi.

Les biens de la terre créés pour tous

C'est le moyen le plus direct, le plus concret pour garantir à tout être humain l'exercice de son droit fondamental à une part des biens de la terre. Toute personne possède ce droit — non pas à titre d'embauché dans la production, mais à seul titre d'être humain.

Pie XII

Le Pape Pie XII déclarait dans son radio-message du 1er juin 1941:

«Les biens créés par Dieu l'ont été pour tous les hommes et doivent être à la disposition de tous, selon les principes de la justice et de la charité.

«Tout homme, en tant qu'être doué de raison, tient en fait de la nature le droit fondamental d'user des biens matériels de la terre, quoiqu'il soit laissé à la volonté humaine et aux formes juridiques des peuples de régler plus en détail la réalisation pratique de ce droit.

«Un tel droit individuel ne saurait en aucune manière être supprimé, pas même par l'exercice d'autres droits certains et reconnus sur des biens matériels.

«La richesse économique d'un peuple ne consiste pas proprement dans l'abondance des biens, mesurée selon un calcul matériel pur et simple de leur valeur, mais bien dans ce qu'une telle abondance représente et fournit réellement et efficacement comme base matérielle suffisante pour le développement personnel convenable de ses membres.

«Si une telle juste distribution des biens n'était pas réalisée ou n'était qu'imparfaitement assurée, le vrai but de l'économie nationale ne serait pas atteint étant donné que, quelle que fût l'opulente abondance des biens disponibles, le peuple, n'étant pas appelé à y participer, ne serait pas riche, mais pauvre.

«Faites, au contraire, que cette juste distribution soit efficacement réalisée et de manière durable, et vous verrez un peuple, bien que disposant de biens moins considérables, devenir et être économiquement sain.»

Le Pape dit qu'il appartient aux peuples eux-mêmes, par leurs lois et leurs règlements, de choisir les méthodes capables de permettre à chaque homme d'exercer son droit à une part des biens terrestres. Le dividende à tous le ferait. Aucune autre formule proposée n'a été, de loin, aussi effective, pas même nos actuelles lois de sécurité sociale.

Pourquoi un dividende à tous?

— Un dividende social à tous? Mais un dividende suppose un capital placé et productif!

Justement. C'est parce que tous les membres de la société sont co-capitalistes — d'un capital réel et immensément productif. Nous avons dit plus haut, et nous ne saurions trop le répéter, que le crédit financier est, à sa naissance, propriété de toute la société. Il l'est, parce qu'il est basé sur le crédit réel, sur la capacité de production du pays. Cette capacité de production est faite, certes, en partie, du travail, de la compétence de ceux qui participent à la production. Mais elle est faite surtout, et de plus en plus, d'autres éléments qui sont propriété de tous.

Il y a d'abord les richesses naturelles, qui ne sont la production d'aucun homme; elles sont un don de Dieu, une gratuité qui doit être au service de tous. Il y a aussi toutes les inventions faites, développées et transmises d'une génération à l'autre. C'est le plus gros facteur de production aujourd'hui. Et nul homme ne peut prétendre, plus qu'un autre, à la propriété de ce progrès, qui est fruit de générations.

Sans doute il faut des hommes actuels pour le mettre à contribution — et ceux-là ont droit à une récompense: ils la reçoivent en rémunérations: salaires, traitements, etc. Mais un capitaliste qui ne participe pas personnellement à l'industrie où il a placé son capital a droit quand même à une part du résultat, à cause de son capital.

Eh bien! le plus gros capital réel de la production moderne, c'est bien la somme des découvertes, des inventions progressives, qui font qu'aujourd'hui, on obtient plus de produits avec moins de travail. Et puisque tous les vivants sont, à titre égal, cohéritiers de cet immense capital qui s'accroît toujours, tous ont droit à une part des fruits de la production.

L'employé a droit à ce dividende et à son salaire. Le non-employé n'a pas de salaire, mais a droit à ce dividende, que nous appelons social, parce qu'il est le revenu d'un capital social.

Le dividende du Crédit Social est basé sur deux choses: l'héritage des richesses naturelles et des inventions des générations précédentes:

Nous venons tout juste de démontrer que le dividende du Crédit Social est basé sur deux choses : l'héritage des ressources naturelles, et les inventions des générations passées. C'est exactement ce que le Pape Jean-Paul II écrivait en 1981 dans son Encyclique Laborem exercens, sur le travail humain (n. 13) :

Jean-Paul II

«L'homme, par son travail, hérite d'un double patrimoine: il hérite d'une part de ce qui est donné à tous les hommes, sous forme de ressources naturelles et, d'autre part, de ce que tous les autres ont déjà élaboré à partir de ces ressources, en réalisant un ensemble d'instruments de travail toujours plus parfaits. Tout en travaillant, l'homme hérite du travail d'autrui.»

La folie du plein-emploi

Parler d'embauchage intégral, de plein emploi, est en contradiction avec la poursuite du progrès dans les techniques et procédés de production. On n'introduit pas une machine perfectionnée, on n'exploite pas une nouvelle source d'énergie pour atteler l'homme à la production, mais bien plutôt pour le libérer.

Mais on a perdu le sens des fins et des moyens. On prend des moyens pour des fins. C'est une perversion qui contamine toute la vie économique et empêche l'homme de bénéficier des fruits logiques du progrès.

L'industrie n'existe pas pour donner de l'emploi, mais pour fournir des produits. Si elle fournit les produits, elle accomplit son rôle. Et plus elle accomplit son rôle en requérant moins de temps, moins de bras, moins de labeur, plus elle est parfaite.

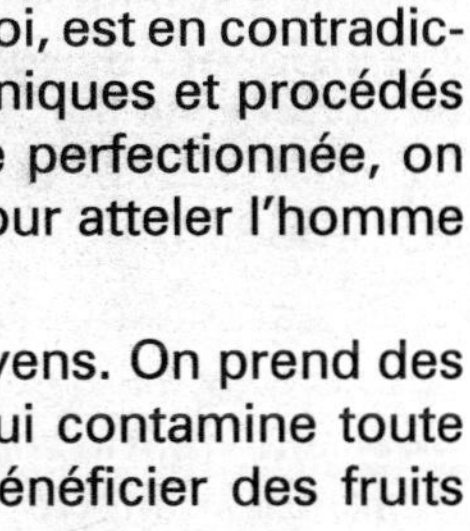

M. Laflamme procure à sa femme une machine à laver automatique. Le lavage hebdomadaire ne prend plus qu'un quart de journée au lieu d'une journée entière. Et quand madame a placé le linge dans le moulin, le savon dans le compartiment à cette fin, et qu'elle a ouvert les deux robinets, l'amenée d'eau chaude et celle d'eau froide, elle n'a plus qu'à laisser faire: la machine passera d'elle-même du trempage au lavage, du lavage au rinçage, du rinçage à l'essorage, pour s'arrêter automatiquement lorsque le linge sera prêt à être retiré du baquet.

Est-ce que madame va se désoler parce qu'elle a du temps à elle pour en disposer à son gré? Ou bien, son mari va-t-il lui chercher d'autre ouvrage pour remplacer celui dont elle est libérée? Non, n'est-ce pas? Ni l'un ni l'autre ne peut être sot à ce point.

Si la sottise règne dans l'organisme social et économique jusqu'à faire le progrès punir l'homme qu'il devrait soulager, c'est parce que l'on s'obstine à lier le pouvoir d'achat, la distribution d'argent, uniquement à l'emploi dans la production. On ne veut voir dans l'argent que la récompense à l'effort.

C'est encore là une perversion du rôle de l'argent. L'argent n'est qu'un «ticket» à présenter pour obtenir des produits ou des services. C'est un bon polyvalent, permettant au consommateur de choisir ce qui lui convient dans les biens que lui offre la capacité de production du pays.

Si l'on veut que l'économie atteigne sa fin, qui est de satisfaire les besoins humains dans l'ordre de leur importance, il faut que les individus aient assez de ces bons pour leur permettre d'obtenir assez de produits, tant que la capacité de production peut y répondre. Le volume de l'argent pour acheter doit être réglé par la somme de biens offerts, et non pas par la somme de travail nécessaire pour les produire.

Il est vrai que la production distribue de l'argent à ceux qu'elle emploie. Mais c'est pour elle un moyen, non pas une fin. Son but n'est pas du tout de distribuer de l'argent, mais de fournir des produits. Et si elle remplace vingt salariés par une machine, tout en fournissant la même quantité de produits, elle ne dévie pas du tout de sa fonction. Si elle pouvait fournir tous les produits nécessaires pour répondre aux besoins humains sans être obligée de distribuer un seul sou, elle aurait encore atteint sa fin propre: fournir des biens.

En libérant des hommes, l'industrie devrait recevoir les mêmes remerciements que M. Laflamme a certainement reçus de sa femme, lorsqu'il l'a libérée de plusieurs heures d'ouvrage par l'introduction d'une machine à laver perfectionnée.

Quand le pouvoir d'achat disparaît

Mais comment dire merci quand, mis au repos par la machine, on n'a plus d'argent pour acheter les produits de la machine! Voilà où le système économique pêche, par manque d'adaptation de sa partie financière à sa partie productrice.

Dans la mesure où la production peut se passer d'emploi humain, le pouvoir d'achat exprimé par l'argent doit atteindre les consommateurs par un autre canal que la récompense à l'emploi. Autrement dit, le système financier doit être accordé au système producteur, non seulement en volume, mais aussi en comportement. A production abondante, pouvoir d'achat abondant. A production se dispensant d'embauchage, pouvoir d'achat dissocié de l'emploi.

L'argent est partie intégrante du système financier, non pas du système producteur proprement dit. Quand le système producteur parvient à entretenir le flot de produits par d'autres moyens que l'emploi de salariés, le système financier doit parvenir à distribuer du pouvoir d'achat par une autre voie que celle des salaires.

S'il n'en est pas ainsi, c'est parce que, à la différence du système producteur, le système financier n'est pas adapté au progrès. Et c'est uniquement cette inadaptation qui crée des problèmes alors que le progrès devrait les faire disparaître.

Le remplacement de l'homme par la machine dans la production devrait être un enrichissement, délivrant l'homme de soucis purement matériels et lui permettant de se livrer à d'autres fonctions humaines que la seule fonction économique. Si c'est au contraire une cause de soucis et de privations, c'est simplement parce qu'on refuse d'adapter le système financier à ce progrès.

La technologie devrait servir tout homme

La technologie est-elle un mal? Doit-on se révolter et détruire toutes les machines parce qu'elles nous enlèvent nos emplois? Non, si le travail peut être accompli par la machine, tant mieux: cela permettra à l'homme de consacrer ses temps libres à d'autres activités, à des activités libres, des activités de son choix. Mais cela, à condition qu'il reçoive un revenu pour remplacer le salaire qu'il a perdu avec l'introduction de la machine, du robot; autrement, la machine, qui devrait être l'alliée de l'homme, devient son ennemi, car elle le prive de revenu, et l'empêche de vivre:

«La technologie a tant contribué au bien-être de l'humanité; elle a tant fait pour améliorer la condition humaine, servir l'humanité et faciliter son labeur. Pourtant, à certains moments, la technologie ne sait plus vraiment où se situe son allégeance: elle est pour l'humanité ou contre elle... Pour cette raison, mon appel

s'adresse à tous les intéressés... à quiconque peut apporter une contribution pour que la technologie qui a tant fait pour édifier Toronto et tout le Canada serve véritablement tout homme, toute femme et tout enfant de ce pays.» (Jean-Paul II, Toronto, Canada, 17 septembre 1984.)

En 1850, alors que les manufactures venaient à peine d'apparaître, au tout début de la Révolution industrielle, l'homme faisait 20% du travail, l'animal 50%, et la machine 30%. En 1900, l'homme accomplissait seulement 15% du travail, l'animal 30%, et la machine 55%. En 1950, l'homme ne faisait que 6% du travail, et les machines accomplissaient le reste — 94%. (Les animaux ont été libérés !)

Et nous n'avons encore rien vu, puisque nous entrons maintenant dans l'ère de l'ordinateur. Une «troisième révolution industrielle» a commencé avec l'apparition des transistors et de la puce de silicone, ou microprocesseur (qui peut effectuer jusqu'à un million d'opérations à la seconde). «Cette puce peut être programmée de manière à retenir de nouvelles informations et s'ajuster, et ainsi remplacer les travailleurs sur les lignes d'assemblage... De telles usines entièrement automatisées existent déjà, comme l'usine de moteurs de la compagnie Fiat en Italie, qui est contrôlée par une vingtaine de robots, et l'usine d'automobiles de la compagnie Nissan à Zama, au Japon, qui produit 1,300 automobiles par jour avec l'aide de seulement 67 personnes — ce qui représente plus de 13 autos par jour par travailleur.

En 1964, était présenté au Président des Etats-Unis, un rapport intitulé «Le chaos social dans l'automation», signé par 32 sommités, dont M. Gunnar Myrdal, économiste né en Suède, et le Dr. Linus Pauling, détenteur d'un Prix Nobel. Ce rapport disait en résumé que «les Etats-Unis, et éventuellement le reste du monde, seraient bientôt impliqués dans une "révolution" qui promet une production illimitée... par des systèmes de machines qui nécessiteront peu de coopération des êtres humains. Par conséquent, on doit agir pour garantir un revenu à tous les hommes, qu'ils soient ou non engagés dans ce qui est communément appelé travail.»

Dans son livre intitulé «La fin du travail» et publié en 1995, l'auteur américain Jeremy Rifkin cite une étude suisse selon laquelle «d'ici 30 ans, moins de 2% de la main-d'oeuvre suffira à produire la totalité des biens dont le monde a besoin.» Rifkin affirme que trois travailleurs sur quatre — des commis jusqu'aux chirurgiens — seront éventuellement remplacés par des machines guidées par ordinateurs.

Si le règlement qui limite la distribution d'un revenu à ceux qui sont employés n'est pas changé, la société se dirige tout droit vers le chaos. Il serait tout simplement absurde et ridicule de taxer 2% des travailleurs pour faire vivre 98% de chômeurs! Il faut absolument une source de revenu non liée à l'emploi. Il n'y a pas à sortir de là, il faut un dividende, ou revenu annuel garanti.

Le plein emploi est du matérialisme

Si on veut persister à tenir tout le monde, hommes et femmes, employés dans la production, même si la production pour satisfaire les besoins de base est déjà toute faite, et cela, avec de moins en moins de labeur humain, alors il faut créer de nouveaux emplois complètement inutiles, et dans le but de justifier ces emplois, créer de nouveaux besoins artificiels, par une avalanche de publicité, pour que les gens achètent des produits dont ils n'ont pas réellement besoin. C'est ce qu'on appelle «la société de consommation».

De même, on fabriquera des produits dans le but qu'ils durent le moins longtemps possible, dans le but d'en vendre plus, et faire plus d'argent, ce qui entraîne un gaspillage non nécessaire des ressources naturelles, et la destruction de l'environnement. (*Voir page 101.)* Aussi, on persistera à maintenir des travaux qui ne nécessitent aucun effort de créativité, qui ne demandent que des efforts mécaniques, qui pourrait facilement être faits uniquement par des machines, des travaux où l'employé n'a aucune chance de développer sa personnalité. Mais pour cet employé, ce travail, si déshumanisant soit-il, est la condition d'obtenir l'argent, le permis de vivre.

Photo: Dans son film «Les Temps modernes» (réalisé en 1936), Charlie Chaplin donne l'exemple d'un travail déshumanisant, alors qu'il joue le rôle d'un ouvrier qui devient maboul en vissant des écrous à un rythme effréné.

Ainsi, pour lui et pour une multitude de salariés, la signification de leur emploi se résume à ceci: aller travailler pour obtenir l'argent qui servira à acheter le pain, qui leur donnera la force d'aller travailler pour gagner l'argent... et ainsi de suite, jusqu'à l'âge de la retraite, s'ils ne meurent pas avant. Voilà une vie vide de sens, où rien ne différencie l'homme de l'animal.

Activités libres

Justement, ce qui différencie l'homme de l'animal, c'est que l'homme n'a pas seulement que des besoins matériels, il a aussi des besoins culturels, spirituels. Comme dit Jésus dans l'Evangile: «L'homme ne vit pas seulement que de pain, mais de toute parole qui vient de la bouche de Dieu.» (Matthieu 4,4.) Vouloir occuper tout le temps de l'homme à l'entretien de sa vie matérielle, c'est du matérialisme, car c'est nier que l'homme a aussi une dimension et des besoins spirituels.

Mais alors, si l'homme n'est pas employé dans un travail salarié, que va-t-il faire de ses temps libres? Il l'occupera à faire des activités libres, des activités de son choix. C'est justement dans ses temps libres que l'homme peut vraiment développer sa personnalité, développer les talents que Dieu lui a donnés et les utiliser à bon escient.

De plus, c'est durant leurs temps libres que l'homme et la femme peuvent s'occuper de leurs devoirs familiaux, religieux et sociaux: élever leur famille, pratiquer leur religion (connaître, aimer et servir Dieu), venir en aide à leur prochain. Elever des enfants est le travail le plus important au monde, mais parce que la femme qui reste au foyer pour élever ses enfants ne reçoit pas de salaire, on considère qu'elle ne fait rien, qu'elle ne travaille pas!

Etre libéré de la nécessité de travailler pour produire les biens essentiels à la vie ne signifie aucunement paresse. Cela signifie tout simplement que l'individu est alors en position de choisir l'activité qui l'intéresse. Sous un système de Crédit Social, il y aura une floraison d'activités créatrices. Par exemple, les grandes inventions, les plus grands chefs-d'oeuvre de l'art, ont été accompli dans des temps libres. Comme le disait C. H. Douglas:

«La majorité des gens préfèrent être employés — mais dans des choses qu'ils aiment plutôt que dans des choses qu'ils n'aiment pas. Les propositions du Crédit Social ne visent aucunement à produire une nation de paresseux... Le Crédit Social permettrait aux gens de s'adonner aux travaux pour lesquels ils sont qualifiés.

Un travail que vous faites bien est un travail que vous aimez, et un travail que vous aimez est un travail que vous faites bien.»

Le plein emploi est dépassé et inutile

C'est exactement ce que le Pape Jean-Paul II déclarait le 18 novembre 1983, alors qu'il recevait en audience les participants à la Conférence épiscopale italienne sur les problèmes du travail. Voici des extraits de son discours :

Jean-Paul II

«Le premier fondement du travail, c'est l'homme lui-même... le travail est pour l'homme, et non l'homme pour le travail... Nous ne saurions, en outre, ne pas nous préoccuper des opinions de ceux qui, à notre époque, considèrent comme désormais dépassé et inutile le discours sur une plus intense participation et demandent, à ce qu'on appelle le "temps libre", la réalisation de la subjectivité humaine. Il ne semble pas juste, en effet, d'opposer le temps consacré au travail au temps libre de travail, du fait qu'il faut considérer tout le temps de l'homme comme un merveilleux don de Dieu en vue de sa globale et intégrale humanisation.

«Je suis toutefois convaincu que le temps libre mérite une particulière attention parce qu'il est le temps durant lequel les personnes peuvent et doivent s'occuper de leurs devoirs familiaux, religieux, sociaux. Mieux, pour être vraiment un moment de liberté et être socialement utile, ce temps libre doit être vécu avec mûre conscience éthique dans une perspective de solidarité qui s'exprime également sous des formes adéquates de généreux volontariat.»

Questions

Après la lecture de cette leçon, le lecteur devrait être capable de répondre aux questions suivantes:

1. Dans vos propres mots, que signifie le théorème A + B de Douglas?

2. Les hausses de salaires réclamées par les employés sont-elles une solution? Expliquez.

3. Malgré le manque de pouvoir d'achat, qu'est-ce qui maintient malgré tout le système actuel?

4. L'introduction de machines pour remplacer le labeur humain est-elle un bienfait ou une malédiction? Expliquez.

5. Pourquoi chaque être humain a-t-il droit à un dividende?

6. Le plein emploi est-il quelque chose de souhaitable?

7. Quelle est la raison de la création de besoin artificiels et de la surconsommation?

8. Dans son film *Les Temps modernes*, Charlie Chaplin donne un exemple de travail déshumanisant. Pouvez-vous donner d'autres exemples?

9. Que répondre à ceux qui disent qu'avec un dividende, les gens ne voudront plus travailler, que ca va faire des paresseux?

Leçon 5-B

L'environnement et la question de l'argent

Seul le Crédit Social mettrait fin au gaspillage des ressources tout en permettant l'épanouissement de la personne humaine

(article d'Alain Pilote, publié pour la première fois dans Vers Demain d'août-septembre 1994)

Pour mettre fin à la crise financière actuelle, les dirigeants mondiaux demandent une sorte de «gouvernance globale», qui n'est qu'une autre façon de désigner le gouvernement mondial. Et puisqu'une «crise comme celle-là ne doit pas être gaspillée», ils ajoutent que nous devrions aussi profiter de l'occasion pour régler le problème environnemental, c'est-à-dire que les gens (surtout en Occident) devraient consommer beaucoup moins, afin de ne pas dilapider les ressources limitées de la planète. Comme c'est habituellement le cas, toute crise pour eux est un prétexte pour réclamer plus de centralisation et de pouvoir sur la population.

Mais ce que ces dirigeants mondiaux ne disent pas est qu'on n'a pas besoin d'un gouvernement mondial pour résoudre la crise financière ou sauver l'environnement. D'ailleurs, ce qu'ils proposent pour sortir de la crise — dépenser plus pour créer plus d'emplois — va à l'encontre de la protection de l'environnement. Mais ce n'est qu'une des nombreuses contradictions du système financier actuel, qui est défectueux à sa base.

Si on examine le problème de plus près, on voit bien que ce sont les règlements du système financier actuel qui amènent une telle dégradation inutile des ressources de la planète — surtout le règlement qui veut lier la distribution du pouvoir d'achat à l'emploi, entraînant des situation de ce genre: des groupes écologistes voudraient que telle usine soit forcée de cesser de polluer, mais le gouvernement réplique que cela coûterait trop cher à cette compagnie, et qu'elle risquerait de fermer ses portes, et qu'il est préférable de conserver ces précieux emplois, même s'il faut pour cela sacrifier l'environnement.

On sacrifie le réel — l'environnement — au signe, l'argent.

Et que dire de tous les besoins artificiels créés dans le seul but de tenir les gens employés, de tous ces gens qui travaillent dans la paperasse dans des bureaux, et des produits fabriqués pour durer le moins longtemps possible, afin d'en vendre le plus possible? Tout cela entraîne un gaspillage et une destruction non nécessaires du milieu naturel.

La pollution des âmes

Le système financier actuel entraîne aussi une pollution encore plus grave: la pollution des âmes, qui met en jeu notre salut éternel. On n'a qu'à penser à l'Etat qui encourage les loteries et le jeu pour ramasser plus d'argent, même si cela peut entraîner la ruine de bien des familles, le commerce de la drogue et du sexe; les gens qui sont mal logés ou mal nourris, faute d'argent, les personnes qui, afin d'obtenir de l'argent et pouvoir vivre, sont obligés d'accepter des emplois qui vont contre leur conscience, contre les Commandements de Dieu; des enfants qui doivent voler, se prostituer, etc. A ce sujet, le Pape Jean-Paul II écrivait dans son encyclique *Centesimus annus* (n. 38):

«En dehors de la destruction irrationnelle du milieu naturel, il faut rappeler ici la destruction encore plus grave du milieu humain, à laquelle on est cependant loin d'accorder l'attention voulue. Alors que l'on se préoccupe à juste titre, même si on est bien loin de ce qui serait nécessaire, de sauvegarder les habitats naturels des différentes espèces animales menacées d'extinction, parce qu'on se rend compte que chacune d'elles apporte sa contribution particulière à l'équilibre général de la terre, on s'engage trop peu dans la sauvegarde des conditions morales d'une "écologie humaine" authentique.»

En d'autres mots, si l'homme persiste obstinément à agir contre l'ordre voulu par Dieu — que ce soient les lois de la nature ou les lois morales — cela ne peut que se retourner contre lui. Si une société n'a aucun principe moral, même une armée de policiers ne sera pas suffisante pour ramener l'ordre et le bon sens.

Tous ceux qui souhaitent un meilleur environnement, tant matériel que spirituel, se doivent d'étudier la question de l'argent, afin de savoir ce qui fait défaut dans le système financier actuel. Et ils découvriront que seul le Crédit Social (*la philosophie, non les partis politiques*) peut mettre fin au gaspillage des ressources, tout en permettant l'épanouissement de la personne humaine.

Un manque de pouvoir d'achat

La cause fondamentale de la pollution de l'environnement, du gaspillage des ressources de la terre, c'est le manque chronique de pouvoir d'achat, inhérent au système financier actuel. En d'autres mots, les consommateurs n'ont jamais assez d'argent pour pouvoir acheter les produits qui existent; la population ne peut acheter ce qu'elle a elle-même produit.

Dans le système actuel, il devrait donc y avoir, théoriquement, une montagne de produits invendus. Si les produits se vendent tant bien que mal malgré tout, c'est qu'on a à la place une montagne de dettes! En effet, puisque les gens n'ont pas assez d'argent, les marchands doivent encourager les ventes à crédit pour écouler leur marchandise. Mais cela ne suffit pas pour combler le manque de pouvoir d'achat. Alors on a recours à d'autres moyens *(voir pages 89 et 90.)*

Implications environnementales

De là vous pouvez imaginer tout l'effet que ces politiques économiques insensées ont sur l'environnement. Par exemple, on parle de croissance, de la nécessité pour les pays de produire toujours plus, d'être plus compétitifs. En réalité, un pays devrait être capable d'augmenter, stabiliser ou diminuer sa production selon les besoins de sa population, et dans bien des cas, une diminution de la production pourrait s'avérer le choix le plus approprié.

En effet, si pendant deux années, on a pu fournir à chaque foyer une machine à laver devant durer 20 ans, il serait tout à fait insensé de continuer de produire encore plus de machines à laver! L'industriel américain Henry Ford aurait dit que le but d'un bon manufacturier d'automobiles devrait être de fabriquer une voiture familiale de qualité qui durerait toute la vie. La construction d'une telle voiture est techniquement possible, mais l'industrie automobile prend une place tellement considérable dans notre économie, que si de telles autos étaient construites, cela créerait un véritable chaos économique: que ferait-on de tous ces travailleurs, comment les tiendrait-on employés, au nom du sacro-saint principe du plein emploi?

Voici des extraits tirés du supplément spécial sur l'environnement intitulé *Green — Where Money is Concerned*, publié à l'été de 1991 par la publication anglaise *The Social Crediter*:

«Les effets de cette activité économique sur l'environnement sont énormes. Des milliers d'intrusions nuisibles sur la nature sont justifiées sous prétexte qu'elles distribuent des revenus dans les poches des gens. On accepte la production de biens de mauvaise qualité et qui, à dessein, deviennent vite démodés, parce qu'ils garantissent un remplacement rapide des biens, et soutiennent l'activité économique, en tenant le plus de monde employé possible... La production ainsi obtenue est fièrement comptabilisée dans les statistiques gouvernementales, sans se soucier de savoir si cette production dégrade les gens ou les rend fous, ou bien si elle sert réellement à quelque chose et comble vraiment un besoin des consommateurs.

«Des édifices à bureaux doivent être construits et entretenus pour loger ceux qui sont "pleinement employés"; des montagnes de fournitures et d'équipements doivent être fabriqués pour tenir occupés ces employés de bureaux; des systèmes pour les transporter de leur maison à leur lieu de travail, et vice et versa, doivent être installés; une grande quantité de pétrole doit être extraite, raffinée, transportée puis brûlée pour les transporter et chauffer les édifices à bureaux, et ainsi de suite.

Pour corriger le problème

«En réalité, la seule manière de faire face à ce problème de pollution et de détérioration est d'enlever l'incitatif à l'abus. Le principal moteur de gaspillage économique est l'emphase mise sur la production comme une fin, pour faire face au défaut dans le système de distribution du revenu. Enlever ce défaut du mécanisme de distribution amènerait les gens à cesser de

construire des biens de capital que personne ne désire. Cela permettrait une évaluation rationnelle et équilibrée de notre situation environnementale, et offrirait la plus grande gamme possible pour corriger la situation.

«La première étape vers une régénération économique et environnementale est d'augmenter le revenu des consommateurs. Par "revenu", nous voulons bien sûr dire "pouvoir d'achat réel" — pas une dette recyclée. Les banques créent des milliards de dollars chaque jour, basés sur les richesses réelles produites par la population, et en conséquence, le pays patauge dans les dettes. On pourrait ordonner à ces mêmes institutions de créer de l'argent sans dette et, pour équilibrer les prix et le pouvoir d'achat, distribuer cet argent sous forme de dividendes payables à tous les citoyens.

«Contre le souhait de pratiquement tout personne consciente, notre belle planète est ravagée et polluée de façon intensive et, dans une manoeuvre pour nous tromper, des gens affamés de pouvoir se servent de ces problèmes environnementaux pour servir leurs propres fins politiques. Lorsque nous remontons jusqu'à la source des causes de la situation actuelle, nous découvrons un système financier défectueux. Nous n'avons pas besoin de détruire le système d'argent — agir ainsi serait en effet une grave erreur — mais il est d'une importance cruciale que nous réformions ce système, afin qu'il devienne le serviteur, et non le maître, de nos aspirations.»

C'est tout notre environnement qui serait changé si le système financier était adapté aux besoins de la population. On n'aurait pas besoin d'usines immenses ni de gens quittant la campagne pour les villes à la recherche d'un emploi. On pourrait revenir à une production à l'échelle humaine.

Tous ceux qui se soucient de l'environnement, et par conséquent de l'avenir de l'humanité sur terre, tous ceux qui désirent «sauver la planète», devraient donc étudier et propager la philosophie du Crédit Social, le seul système qui mettrait l'argent au service de la personne humaine, tout en mettant fin au gaspillage des ressources naturelles.

Alain Pilote

Leçon 6
L'argent et les prix — Le dividende

La distribution d'argent nouveau par le dividende national est donc un moyen d'augmenter le niveau de l'argent du pays, quand c'est nécessaire, et de placer directement cet argent entre les mains des consommateurs.

Mais, pour être bienfaisante au consommateur, cette distribution d'argent doit constituer pour le consommateur une véritable augmentation de son pouvoir d'achat.

Or, le pouvoir d'achat dépend de deux facteurs: la quantité d'argent entre les mains de l'acheteur et le prix du produit à vendre.

Si le prix d'un produit diminue, le pouvoir d'achat du consommateur augmente, même sans augmentation d'argent. Ainsi, j'ai 10,00 $ que je veux affecter à l'achat de beurre; si le prix du beurre est de 2,50 $ la livre, j'ai en main un pouvoir d'acheter 4 livres de beurre; si le prix du beurre est abaissé à 2,00 $ la livre, mon pouvoir d'achat monte et équivaut à 5 livres de beurre.

D'autre part, si le prix monte, cela affecte désavantageusement le pouvoir d'achat du consommateur; et dans ce cas-là, même une augmentation d'argent peut perdre son effet. Ainsi, l'ouvrier qui gagnait 200 $ en 1967 et qui en gagnerait 400 en 1987 serait le perdant, parce que le coût de la vie a plus que doublé en ces vingt années. Il faut au moins 772 $ en 1987 pour se procurer ce qu'on achetait avec 200 $ en 1967.

C'est pourquoi les augmentations de salaires, tant réclamées par les ouvriers, ne réussissent pas à produire d'amélioration durable, parce que les prix des produits sont augmentés en conséquence. Les employeurs ne fabriquent pas d'argent; et s'ils doivent dépenser davantage pour payer leurs ouvriers, ils sont obligés de vendre leurs produits plus cher pour ne pas tomber en faillite.

Le dividende national, lui, n'entre pas dans les prix, lorsqu'il est fait d'argent nouveau, distribué par le gouvernement indépendamment du travail.

Cependant, en face de plus d'argent dans le public, il pourrait y avoir tendance chez les marchands à augmenter les prix des produits, même si ces produits ne leur ont pas coûté plus cher.

Aussi, une réforme monétaire qui ne voit pas en même temps

à freiner les hausses injustifiables de prix, serait une réforme incomplète. Elle pourrait devenir une catastrophe en laissant libre cours à l'inflation.

La fixation arbitraire des prix, un plafonnement général, peut aussi obtenir un effet préjudiciable en décourageant la production. Or la diminution de la production est le moyen le plus sûr de pousser les prix à monter. Le législateur obtient alors le contraire de ce qu'il cherchait: il provoque l'inflation en la combattant maladroitement; pour échapper aux sanctions, l'inflation se produit par l'entremise du marché noir.

Le Crédit Social propose une technique pour combattre automatiquement l'inflation: c'est la technique dite du «Prix ajusté», ou de l'escompte compensé, qui ferait partie du mode d'émission d'argent pour établir le pouvoir d'achat global au niveau de la production globale offerte.

Le juste prix

Puisque les produits sont faits pour le consommateur, il est clair que, pour atteindre leur fin, les produits doivent être offerts au consommateur à un prix qui permette au consommateur de les acquérir.

Autrement dit, en tout temps, il doit y avoir équilibre entre les prix, dans leur ensemble, et le pouvoir d'achat des consommateurs, dans son ensemble.

Pour compter le prix de vente, les producteurs, ou les marchands, calculent ce que la fabrication du produit a coûté, et ajoutent les frais de manipulation, de transport, d'emmagasinage, de vente et les profits nécessaires aux différents intermédiaires. Mais rien n'assure que ce prix marqué correspond avec le pouvoir d'achat du consommateur.

Le prix marqué doit être exigé par le marchand pour ne mettre personne en faillite entre le producteur et le marchand détaillant; mais d'autre part le prix à payer par l'acheteur doit être tel qu'il corresponde au pouvoir d'achat entre les mains des consommateurs. Sinon, les produits restent invendus en face de besoins réels.

D'où un ajustement nécessaire des prix.

La technique monétaire du Crédit Social y pourvoit.

Dans le vocabulaire créditiste, on appelle «juste prix» le prix qui correspond exactement à la consommation. On le comprendra mieux tout à l'heure.

Lorsqu'on dit «juste prix», on ne veut donc pas du tout dire «prix honnête, prix équitable». Le prix marqué par le marchand peut être tout à fait honnête, tout à fait équitable, et cependant n'être pas du tout le prix exact.

Ainsi, pendant la crise, les prix marqués pouvaient être honnêtes, équitables, mais ils n'étaient pas exacts, ils ne correspondaient pas à la consommation. Quand la production totale de choses demandées dépasse la consommation totale, ces prix ne sont certainement pas exacts, puisque la consommation sur une période quelconque marque, en définitive, les véritables dépenses faites pour la production pendant cette même période.

Le prix honnête est une question de morale; le prix exact est une question de mathématiques.

Le prix exact, le «juste prix», du système créditiste est obtenu par une règle d'arithmétique. Il n'est donc question ni de fixation arbitraire des prix, ni de plafonnements, ni de restrictions, ni de récompenses, ni de châtiments — mais simplement d'arithmétique.

La technique créditiste prend deux nombres qui sont faits par les gens du pays eux-mêmes, et non pas arbitrairement fixés par des hommes qui ont la manie d'imposer leur volonté aux autres. Deux nombres: 1° le nombre exprimant la somme des prix (c'est le fait des producteurs eux-mêmes); 2° le nombre exprimant le pouvoir d'achat des consommateurs (c'est le fait de la volonté des consommateurs jointe à l'argent dont ils disposent). Puis, pour pouvoir mettre le signe égal (=) entre ces deux nombres, le crédit social abaisse le premier au niveau du second.

Expliquons, en présentant d'abord quelques notions peu familières et pourtant de grande portée.

Le véritable prix de la production

Le prix exact d'une chose est la somme des dépenses encourues pour la production de cette chose. Et cela est vrai, que l'on compte en piastres, en ergs, en heures-hommes, ou en ce qu'on voudra.

Tel ouvrage réclame quatre heures de temps, dix onces de sueurs, un repas de travailleur, une usure d'outil. Si l'énumération est complète, le prix exact de cet ouvrage, c'est quatre heures de temps, dix onces de sueurs, un repas de travailleur et une usure d'outil. Ni plus ni moins.

Comme on a coutume d'évaluer le prix en dollars, au Canada, et comme on a aussi coutume d'évaluer en dollars le travail, l'usure et tous les autres éléments qui forment les dépenses, il est possible d'établir une relation entre les deux, en termes de dollars.

Si, en tout et partout, les dépenses de matériel, de travail, d'énergie, d'usure, se chiffrent à 100 $, le prix exact du produit est de cent dollars.

Mais il y a le prix comptable. Au cours de la production d'un article dans une usine, compte est tenu de la matière première achetée, des frais de transformation, des salaires, des frais de capital, etc., etc. Tout cela constitue le coût financier de production de l'article.

Ce prix comptable et le prix exact sont-ils les mêmes ? S'ils le sont accidentellement dans certains cas, il est facile de constater que, dans l'ensemble, ils ne le sont certainement pas.

Prenez un petit pays qui fournit, en une année, tant en biens de capital qu'en biens de consommation, une production totale évaluée à 100 millions de dollars. Si, dans le même temps, les dépenses totales des habitants du pays sont évaluées à 80 millions, il faudra bien admettre que la production du pays cette année-là a coûté exactement 80 millions, puisqu'il a été consommé en tout 80 millions par la population auteur de la production. La production a été évaluée, par la comptabilité des prix de revient, à 100 millions, mais elle n'a coûté que 80 millions de dépenses réelles. C'est un fait inéluctable: les deux totaux sont là.

Donc, le prix exact de la production des 100 millions, ç'a été 80 millions.

Autrement dit, dans le même temps où la richesse produite a été de 100 millions, la richesse consommée a été de 80 millions. La consommation de 80 millions est le véritable prix de la production de 100 millions.

Le véritable prix de la production, c'est la consommation.

Par ailleurs, comme on l'a dit plus haut, si la production existe pour la consommation, il faut que la consommation puisse payer la production.

Dans l'exemple précédent, le pays mérite sa production. Si, en dépensant 80 millions, il produit 100 millions, il devrait pouvoir obtenir ces 100 millions, en dépensant les 80 millions. Autrement dit, en payant 80 millions, les consommateurs devraient obtenir les 100 millions. Sinon, il restera 20 millions pour la contemplation, en attendant que ce soit pour le sacrifice, pour la destruction devant un peuple privé et exaspéré.

Augmentation et diminution de richesse

Un pays s'enrichit de biens lorsqu'il développe ses moyens de production: ses machines, ses usines, ses voies de transport, etc. Ce qu'on appelle biens de capital.

Un pays s'enrichit de biens, aussi, lorsqu'il produit des choses pour la consommation: blé, viande, meubles, habits, etc. Ce qu'on appelle biens de consommation.

Un pays s'enrichit de biens encore, lorsqu'il reçoit de la richesse de l'extérieur. Ainsi, le Canada s'enrichit de fruits lorsqu'il reçoit des bananes, des oranges, des ananas. Ce qu'on appelle importations.

D'autre part, les biens d'un pays diminuent lorsqu'il y a destruction ou usure de moyens de production: usines brûlées, machines usées, etc. C'est ce qu'on appelle dépréciation.

Les biens d'un pays diminuent aussi, lorsqu'ils sont consommés. Les aliments mangés, les habits usés, etc., ne sont plus disponibles. C'est la destruction par consommation.

Les biens d'un pays diminuent encore, lorsqu'ils sortent de ce pays: les pommes, le beurre, le bacon, envoyés en Angleterre, ne sont plus au Canada. C'est ce qu'on appelle exportations.

Calcul du juste prix

Supposons maintenant que les relevés d'une année donnent:

Production de biens de capital..............3 000 millions
Production de biens consommables.....7 000 millions
Importations........................... ....2 000 millions

Acquisitions totales.............................12 000 millions (actif)

D'autre part:

Dépréciation de biens de capital...........1 800 millions
Consommation......................................5 200 millions
Exportations...2 000 millions

Diminution totale..................................9 000 millions (passif)

On va conclure:

Pendant que le pays s'enrichissait de 12 000 millions, il usait, ou consommait, ou devait céder 9 000 millions.

Le coût réel de la production des 12 000 millions, c'est 9 000 millions. S'il en a réellement coûté au pays 9 000 millions pour produire 12 000 millions, le pays doit pouvoir jouir de ses 12 000 millions tout en ne dépensant que 9 000 millions.

Avec 9 000 millions, il faut pouvoir en payer 12 000. Payer 12 avec 9. Cela demande un ajustement du prix: abaisser le prix comptable 12 au niveau du prix réel 9. Et le faire sans violenter personne, sans nuire à personne.

En face de ce relevé, la conclusion suivante est logique, dans une économie où la production existe pour la consommation:

Puisque la consommation de 9 milliards, usure des machines y comprise, a permis la production de 12 milliards, améliorations y comprises, 9 milliards est le vrai prix de la production. Pour que le pays puisse utiliser cette production, en autant qu'elle est désirée, il doit pouvoir l'obtenir à son véritable prix, 9 milliards; ce qui n'empêche pas les marchands d'être obligés d'en exiger 12 milliards.

D'un côté, les consommateurs du pays doivent pouvoir acheter 12 avec 9. Ils doivent pouvoir tirer sur la production de leur pays en la payant aux 9/12 du prix marqué.

D'autre part, le marchand doit retirer le plein montant: 12; sinon, il ne peut rencontrer ses charges et le profit qui est le salaire de ses services.

Escompte compensé ou boni d'achat

L'acheteur ne paiera que 9/12 du prix marqué, si on lui accorde un escompte de 3 sur 12, ou de 25 pour cent.

Une table coûte 120 $; elle sera laissée à l'acheteur pour 90 $. Une paire de bas coûte 4,00 $; elle sera laissée à l'acheteur pour 3,00 $.

De même pour tous les articles du pays, parce que ce sera un escompte national décrété par l'Office National, pour atteindre le but pour lequel l'Office National a été institué.

Si tous les articles de production du pays sont payés ainsi aux 75 pour cent de leur prix marqué, les consommateurs du pays pourront obtenir toute leur production de 12 milliards avec les 9 milliards qu'ils dépensent pour leur consommation.

Si les produits ne leur conviennent pas, ils ne les achèteront pas, et les producteurs cesseront simplement d'en faire parce que ce n'est pas une richesse réelle, ces produits ne répondant pas à des besoins des consommateurs.

Les marchands ne reçoivent ainsi des acheteurs que les 75

pour cent de leurs prix. Ils ne pourront tenir, à moins de recevoir d'une autre source les 25 pour cent que l'acheteur ne paie pas.

Cette autre source ne peut être que l'Office de Crédit National, qui est chargé de mettre l'argent en rapport avec les faits. Sur présentation de papiers appropriés, attestant la vente et l'escompte national accordé, le marchand recevra de l'Office National le crédit-argent représentant les 25 pour cent qui manquent.

Le but sera atteint. L'ensemble des consommateurs du pays aura pu obtenir le total de la production du pays répondant à des besoins. Les marchands, et par eux les producteurs, auront reçu le montant qui couvre les frais de la production et de la distribution.

Il n'y aura pas d'inflation, puisqu'il n'y a pas absence de produits en face de la demande. Cet argent nouveau, en effet, n'est créé que moyennant la présence d'un produit désiré et acheté.

Cette émission n'entre d'ailleurs pas dans la facture du prix, puisqu'elle n'est ni un salaire, ni un placement; elle vient après que le produit est fabriqué, coté et vendu.

Une manière d'arriver au même résultat serait de faire payer à l'acheteur le plein prix. Le marchand livrerait à l'acheteur un récépissé attestant le montant de l'achat. Sur présentation de ce récépissé à la succursale de l'Office National du Crédit, l'acheteur recevrait un crédit-argent égal aux 25 pour cent du montant de l'achat.

La première méthode est un escompte compensé. Escompte accordé par le marchand et compensé au marchand par l'Office National du Crédit.

La deuxième méthode est un boni d'achat, ou ristourne faite à l'acheteur. Le résultat est exactement le même.

Dans tous les cas, le prix payé par le consommateur doit être la fraction du prix marqué exprimée par le rapport de la consommation totale à la production totale. Autrement, la production n'est que partiellement accessible aux consommateurs pour lesquels elle est pourtant faite.

$$\text{Juste prix} = \text{Prix marqué} \times \frac{\text{consommation}}{\text{Production}}$$

En résumé, pour que les chiffres-prix sur les produits et les chiffres-argent dans les mains des consommateurs se correspondent, il y a deux manières : abaisser les prix ou grossir les portemonnaie. Le Crédit Social ferait les deux, sans nuire à personne, en accommodant tout le monde. Les deux méthodes combinées ensemble, l'abaissement des prix par l'escompte et le dividende, seraient calculées de façon à mettre l'équilibre entre les chiffres-argent et les chiffres-prix.

Il faut les deux méthodes. S'il n'y avait que le dividende, les prix pourraient tendre à monter, alors même que le coût de revient des produits serait le même. Et s'il n'y avait que l'abaissement des prix, sans le dividende, cet abaissement des prix ne servirait pas à grand'chose aux personnes qui n'ont aucun revenu d'aucune sorte.

La formule du dividende, étudiée dans la leçon précédente, serait infiniment préférable au bien-être social, l'assurance-chômage et autres lois actuelles de sécurité sociale car, répétons-le, ce dividende ne serait pas pris dans les taxes de ceux qui travaillent, mais serait financé par de l'argent nouveau, créé par l'Office National de Crédit. Personne ne se ferait donc vivre par les taxes des contribuables; ce serait un héritage dû à tous les citoyens du pays, qui sont pour ainsi dire tous actionnaires de la compagnie Canada Limitée.

Et contrairement au bien-être social, ce dividende serait sans enquête, il ne pénaliserait donc pas ceux qui veulent travailler. Loin d'être une incitation à la paresse, il permettrait aux gens de s'occuper dans l'activité de leur choix, celle où ils ont des talents. D'ailleurs, si les gens arrêtaient de travailler, le dividende baisserait automatiquement, puisqu'il est basé sur la production existante. Sans ce revenu non lié à l'emploi, le progrès devient non plus un allié de l'homme, mais une malédiction, puisqu'en éliminant le besoin de labeur humain, il fait perdre aux travailleurs leur seul source de revenu.

Et grâce à ce mécanisme de l'escompte sur les prix, toute inflation serait impossible: en effet, l'escompte fait baisser les prix. Et l'inflation, ce sont les prix qui montent. La meilleure manière d'empêcher les prix de monter, c'est de les faire baisser! De plus, l'escompte sur les prix est exactement le contraire de la taxe de vente: au lieu de payer les produits plus cher par des taxes, les consommateurs les paient moins cher grâce à cet escompte. Qui pourrait s'en plaindre?

Finance des travaux publics

Comment se ferait le financement des services et travaux publics avec un tel système d'argent social? Chaque fois que la population désirerait un nouveau projet public, le gouvernement ne se demanderait pas: «A-t-on l'argent?», mais: «A-t-on les matériaux, les travailleurs pour le réaliser?» Si oui, l'Office National de Crédit créerait automatiquement l'argent nécessaire pour financer cette production nouvelle.

Supposons, par exemple, que la population désire un nouveau pont, dont la construction coûte 50 millions $. L'Office National de Crédit crée donc 50 millions $ pour financer la construction de ce pont. Et puisque tout argent nouveau doit être retiré de la circulation lors de la consommation, ainsi l'argent créé pour la construction du pont devra être retiré de la circulation lors de la consommation de ce pont.

De quelle manière un pont peut-il être «consommé»? Par usure ou dépréciation. Supposons que les ingénieurs qui ont construit ce pont prévoient qu'il durera 50 ans; ce pont perdra donc un cinquantième de sa valeur à chaque année. Puisqu'il a coûté 50 millions $ à construire, il subira donc une dépréciation d'un million $ par année. C'est donc un million de dollars qui devront être retirés de la circulation à chaque année, pendant 50 ans. Au bout de 50 ans, le pont sera complètement payé, sans un sou d'intérêt ni de dette.

Est-ce que ce retrait d'argent se fera par les taxes? Non, cela n'est nullement nécessaire, dit Douglas, le concepteur du système du Crédit Social. Il existe une autre méthode bien plus simple pour retirer cet argent de la circulation, celle de l'ajustement des prix (appelé aussi escompte compensé).

D'ailleurs, sous un système de crédit social, les taxes diminueraient de façon drastique, et la plupart disparaîtraient tout simplement. Le juste principe à observer, c'est que les gens ne paient que pour ce qu'ils consomment. Par contre, il serait injuste de faire payer à la population de tout le pays des services qui ne sont offerts que dans une rue ou une municipalité, comme le service d'eau, d'égout ou de vidange; ce sont ceux qui bénéficient de ces services qui auraient à payer la municipalité qui les fournit.

De quelle manière cet ajustement des prix fonctionnerait-il? L'Office National de Crédit serait chargé de tenir une comptabilité exacte de l'actif et du passif de la nation, ce qui ne nécessiterait que deux colonnes: d'un côté, on inscrirait tout ce qui est produit dans le pays durant la période en question (l'actif), et de l'autre, tout ce qui est consommé (le passif). Le 1 million $ de dépréciation annuelle du pont, de l'exemple mentionné plus haut, serait donc inscrit dans la colonne «passif» ou «consommation», et ajouté à toutes les autres formes de consommation ou disparition de richesse durant l'année.

Trois principes

Il existe trois principes de base dans le Crédit Social: 1. l'argent émis sans dette par le gouvernement, représentant de la société, selon la production, et retiré de la circulation selon la consommation; 2. le dividende mensuel à tous les citoyens; 3. l'escompte compensé. Les trois sont nécessaires; c'est comme un trépied: enlevez un de ces trois principes, et le reste ne tient plus.

Toute cette technique du Crédit Social, telle qu'expliquée très brièvement ci-haut, n'a qu'un but: financer la production des biens qui répondent aux besoins; et financer la distribution de ces biens pour qu'ils atteignent les besoins. En examinant la circulation du crédit sur le schéma ci-dessous, on s'apercevra que l'argent ne s'accumule en aucun temps, qu'il ne fait que suivre le mouvement de la richesse, entrant en circulation au rythme de la production, et prenant la voie du retour vers sa source (l'Office National de Crédit) au rythme de la consommation (lorsque les produits sont achetés chez le marchand). En tout temps, l'argent demeure un reflet exact de la réalité: de l'argent apparaît lorsqu'un nouveau produit apparaît, et cet argent disparaît lorsque le produit disparaît (est consommé). Où est l'inflation là-dedans?

* * *

Tout cela ouvre des horizons et possibilités insoupçonnés. Pour que ces possibilités deviennent réalités, il faut que tous connaissent le Crédit Social. Et pour cela, il faut que tous reçoivent Vers Demain. C'est là que votre responsabilité entre en jeu: vous qui avez compris le Crédit Social, c'est votre devoir de le faire connaître aux autres, en sollicitant autour de vous l'abonnement à Vers Demain. Bon succès!

La circulation de l'argent Dans un système de Crédit Social

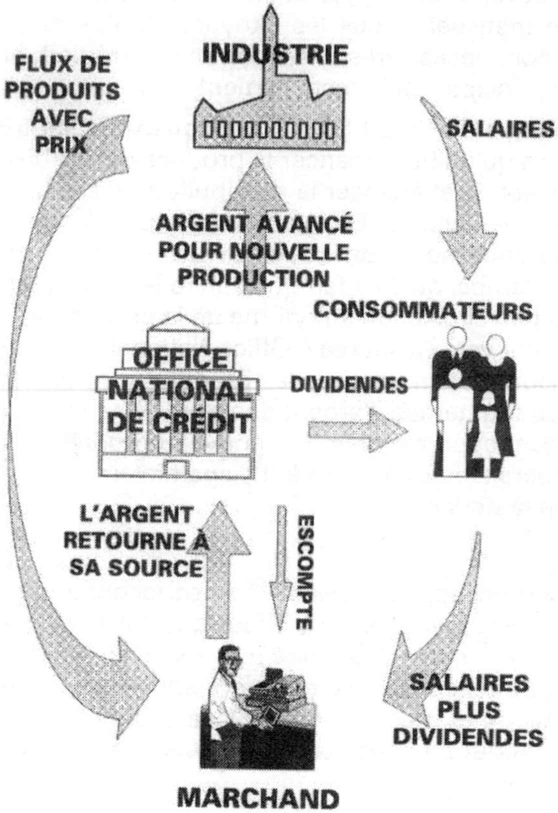

De l'argent est avancé au producteur (industrie) par l'Office National de Crédit, pour la production de nouveaux biens, ce qui amène (flèche de gauche) un flux de produits étiquetés avec des prix et (flèche de droite), des salaires distribués aux employés.

Puisque les salaires ne suffisent pas pour acheter toute la production, l'Office de Crédit comble la différence par l'é-mission d'un dividende périodique à tous les citoyens.

La rencontre des consommateurs et des produits se fait chez le marchand, et lorsqu'un produit est acheté (consommé), l'argent qui avait été avancé au début de la production de ce produit retourne à sa source, l'Office National de Crédit, ayant ainsi accompli sa fonction et terminé sa course dans le circuit financier, puisque le produit a atteint le consommateur.

En tout temps, il y a une égalité entre les moyens d'achat entre les mains de la population, et les prix à payer pour les biens consommables mis en vente sur le marché.

Leçon 6-B

Crédit Social, démocratie économique

Le Crédit Social remplacerait l'actuelle dictature d'argent par une véritable démocratie économique, dans laquelle le consommateur, fin de la production, serait le véritable maître des programmes de production — des programmes, non pas des méthodes. Le consommateur dirait quoi produire, non pas comment le produire, et il serait obéi par la production qui ne demande pas mieux que de répondre aux commandes.

Benoît XVI écrit dans son encyclique *Caritas in veritate*, au Paragraphe 66: **«Il est souhaitable que, comme facteur de démocratie économique, les consommateurs aient un rôle plus décisif.»**

L'ingénieur écossais Clifford Hugh Douglas (1879-1952), qui a conçu les propositions financières du Crédit Social, écrivait dans son livre *Credit-Power and Democracy*:

«Le Crédit Social est une philosophie socio-économique dans laquelle les consommateurs, assurés d'un pouvoir d'achat adéquat, décident de ce qui sera produit par l'usage de leur vote monétaire. Vu de cette manière, le terme démocratie économique ne signifie le contrôle de l'industrie par les travailleurs (les consommateurs décident le «quoi», qu'est-ce qui sera produit, et non pas le «comment», la façon de le produire, les techniques à employer, qui est laissée aux producteurs). En enlevant le contrôle de la production des mains des institutions bancaires, du gouvernement et de l'industrie, le Crédit Social envisage une aristocratie de producteurs au service d'une démocratie de consommateurs.»

Avant d'être connues sous le nom de crédit social», les propositions financières de Douglas furent d'abord appelées «démocratie économique» (d'après le titre du premier livre de Douglas, *Economic Democracy*). Voici un article de Louis Even (publié pour la première fois dans Vers Demain du 1er juilelt 1956) qui explique comment un système de Crédit Social mettra en pratique une véritable «démocratie économique» dans laquelle «les consommateurs auront un rôle plus décisif», comme l'écrit le Saint-Père.

par Louis Even

L'initiateur de la doctrine et des propositions du Crédit Social, l'ingénieur écossais — et homme de génie — C. H. Douglas, publia son premier livre sur le sujet en novembre 1919. Il intitula ce livre *Economic Democracy* (Démocratie économique). C'est plus tard seulement que sa doctrine reçut le nom de Crédit Social. Les deux appellations conviennent d'ailleurs parfaitement à la doctrine économique de Douglas. Il s'agit bien, en effet, du Crédit de la société (crédit social), propriété de la société, dont le monnayage doit servir la société et ses membres, non pas les endetter ou les rationner. Mais il s'agit aussi d'une véritable démocratie économique.

Demos, kratein

Dans l'ordre politique, le mot démocratie suggère l'idée d'un gouvernement pour le peuple, d'un 'régime politique dans lequel le peuple choisit lui-même, librement, ses gouvernants et peut leur laisser savoir ce qu'il attend de la gestion de ses affaires publiques.

Pour un grand nombre de personnes, cependant, le mot démocratie signifie surtout (et à peu près exclusivement) les élections libres périodiques, pour choisir les représentants du peuple pour un temps donné. Et, pour ces personnes, la démocratie est parfaite quand le suffrage est universel, quand tout le monde, quand tous les adultes du moins, ont le droit de vote. Tout le monde, voilà qui est peuple, demos. Et le pouvoir qu'a ce peuple de choisir ses gouvernants, n'est-ce pas une preuve qu'il a de l'autorité (kratein) puisqu'il la délègue ?

Eh bien ! que l'on considère la démocratie sous l'un ou l'autre de ces deux aspects, si l'on transporte ce terme dans l'ordre économique, on verra qu'il convient parfaitement au Crédit Social.

L'ordre économique

L'ordre économique, c'est celui des biens et des besoins. Les activités économiques concernent la production et la distribution des produits et des services, dans le domaine privé et dans le domaine public.

Dans l'ordre politique, c'est au gouvernement et aux corps publics que le citoyen exprime sa volonté et demande des résultats.

Dans l'ordre économique, c'est au système producteur de son pays que le consommateur exprime ses demandes. A l'agriculture et aux industries connexes de transformation, il demande des produits alimentaires. A l'industrie du vêtement, il demande des habits. Au bâtiment, il demande son logement. Aux médecins et aux hôpitaux, il demande des soins en maladie. Et ainsi de suite.

Le système producteur, c'est l'ensemble de toutes ces activités, créatrices de produits et de services. C'est la capacité de produire.

Le consommateur obtient ce qu'il demande au système producteur quand sa demande est accompagnée de l'instrument qui la rend efficace: l'argent, le pouvoir d'achat. Le pouvoir d'achat, c'est la capacité de payer.

La capacité de produire permet d'offrir des produits. La capacité de payer permet d'obtenir ces produits.

L'une sans l'autre

Si la capacité de produire faisait défaut, ça ne servirait à rien d'avoir la capacité de payer. Avec un sac d'or, vous n'achèteriez pas un pain au Pôle Nord, parce qu'au Pôle Nord, il n'y a pas de pain, ni de capacité d'y produire du blé.

D'autre part, si la capacité de payer fait défaut en face de la capacité de produire, la production arrête dans la mesure où elle ne se vend pas. Elle arrête, même s'il y a en face des besoins non satisfaits. Dans notre pays de bonne production, c'est trop souvent le cas. Manquant de capacité de payer, des familles qui désirent les produits doivent se priver, même si les produits sont là ou peuvent être facilement là, à deux minutes de marche de la maison. Les besoins ont beau crier, Ils ne sont écoutés que s'ils peuvent payer.

Ce ne sont plus alors les besoins humains qui déterminent les activités économiques. C'est la présence ou l'absence d'argent qui dicte les décisions.

On appelle cela une dictature, une dictature financière, une dictature d'argent. La dictature est le contraire de la démocratie, en économique comme en politique. On ne peut parler de démocratie économique quand l'individu, comme consommateur, ne peut pas obtenir du système producteur les biens qu'il est en droit d'en attendre. Se sent-il traité démocratiquement, celui qui doit se priver devant l'abondance, devant l'Immense capacité de production, parce que la capacité de payer lui est refusée?

L'une avec l'autre

Un pays qui se dit démocratique et qui accepte la continuation de cette dictature de l'argent a un drôle de sens de la démocratie. La dictature de l'argent pèse sur la vie quotidienne des individus et des familles; elle pèse sur les administrations de nos Institutions et de nos corps publics, à l'année longue. Le gouvernement qui laisse faire cela dans le pays de sa juridiction n'est pas un gouvernement démocratique, même s'il est sorti d'une boîte électorale: c'est un gouvernement soumis, soumis à une dictature.

Sous un régime de Crédit Social, la capacité de payer serait coordonnée avec la capacité de produire. L'une avec l'autre.

La capacité de produire ne serait plus arrêtée ni freinée par l'incapacité de payer, parce que la capacité de payer serait ajustée à la capacité de produire les choses qui répondent aux besoins.

On ne verrait donc plus de besoins humains rester non satisfaits en face de biens offerts. Ce n'est pas la capacité de produire qui serait soumise à la capacité de payer; mais c'est la capacité de payer qui serait constamment réglée sur la capacité de produire.

Ce serait vraiment là la démocratie économique. L'individu consommateur obtiendrait du système producteur de son pays les biens, produits et services, qu'il a droit d'en attendre pour mener une vie convenable, tant que le système producteur est capable de fournir à la demande.

Suffrage économique

Et cette démocratie économique serait complète, elle s'étendrait à tous les consommateurs — donc à tous les citoyens — de tout âge et de toute condition. Un suffrage économique universel, plus universel que le suffrage politique. Et s'exerçant tous les jours.

Ce suffrage économique serait exercé au moyen de véritables bulletins de vote économique. Des bulletins pour choisir, non pas des députés au goût du citoyen, mais des produits au goût du consommateur. Ces bulletins de vote économique s'appellent dollars au Canada ou communément piastres au Canada français.

Chaque piastre est un bulletin, permettant à son porteur de voter pour une piastre de produits ou de services de son choix. Plus il a en main de ces bulletins de vote économique, de ces piastres, plus il peut choisir de produits et de bons produits.

Et pour que ce suffrage économique soit un suffrage universel, il faut que chaque individu (à titre de consommateur) possède de ces bulletins qui lui permettent de voter pour tels et tels produits de son choix.

C'est ce que ferait le Crédit Social en attachant un revenu basique à chaque personne, quels que soient son âge, son sexe, son occupation, la couleur de sa peau ou ses croyances politiques ou religieuses.

Ce revenu basique, ce premier droit sur la capacité de production du pays, devrait être au moins suffisant pour procurer le nécessaire. Il n'est pas admissible qu'un seul citoyen manque du nécessaire dans un pays de production possible excédentaire.

En style créditiste, ce revenu basique, reçu à seul titre de membre de la société, s'appelle «dividende social», soit national soit provincial, selon que le régime est institué nationalement ou provincialement. Le dividende est le véritable instrument de la franchise économique universelle.

Les piastres gagnées en salaires, en traitements, en honoraires, en profits, en dividendes industriels, sont aussi des bulletins de vote économique; mais des bulletins conditionnés par telle ou telle situation de celui qui les reçoit. Le salaire est lié à l'embauchage. Tout le monde ne peut pas être embauché. Les enfants ne peuvent pas l'être, ni les malades, ni les vieillards, ni les mères de famille qui accomplissent leur fonction propre, ni bien des personnes valides déplacées par des machines qui produisent plus et mieux qu'elles.

Le dividende à tous est le seul bulletin de vote économique vraiment démocratique. Le Crédit Social est la formule la plus avancée de démocratie économique.

Et cela n'enlève rien à l'initiative privée, à l'entreprise privée. Le bulletin de vote économique demande des résultats — des biens répondant aux besoins. Il laisse le système producteur voir aux moyens de fournir ces biens. Le mécanisme actuel de production le fait efficacement; et s'il n'y avait pas d'entraves financières, il le ferait encore mieux. Surtout, s'il n'y avait pas insuffisance de bulletins de vote économique, insuffisance de piastres chez les consommateurs, les produits iraient aux besoins. La distribution serait aussi efficace que la production. N'est-ce pas ce que veulent les producteurs, aussi bien que les consommateurs ?

Il est faux de blâmer l'entreprise privée pour un mal qui est d'ordre financier, et non pas d'ordre producteur. Au lieu de vouloir changer le statut du producteur, c'est le statut du financier qu'il faut réviser. C'est le système financier, et non pas le système producteur, qu'il faut socialiser — pour la bonne raison que l'argent est un instrument social par nature, et c'est seulement par perversion que le système d'argent est devenu la chose de trafiquants de piastres.

Le Crédit Social remplacerait donc l'actuelle dictature d'argent par une véritable démocratie économique, dans laquelle le consommateur, fin de la production, serait le véritable maître des programmes de production — des programmes, non pas des méthodes. Le consommateur dirait quoi produire, non pas comment le produire, et il serait obéi par la production qui ne demande pas mieux que de répondre aux commandes.

Quant à l'efficacité de cette démocratie économique, elle surpasserait tout ce qu'on a jamais expérimenté en fait de démocratie politique.

Efficacité comparée

Puisque nous établissons un parallèle entre la démocratie politique et la démocratie économique que serait le Crédit Social, entre le suffrage universel de la politique et le suffrage économique universel du Crédit Social, il est intéressant de comparer l'efficacité d'un bulletin de vote politique avec un bulletin de vote économique.

N'insistons pas sur la fréquence. Il est clair que le citoyen n'obtient un bulletin de vote politique que lorsqu'il y a élection, puisque le but de ce bulletin est d'exprimer une préférence entre plusieurs candidats qui aspirent à être les représentants du peuple pour le prochain terme. Entre les élections, si les citoyens n'obtiennent pas ce qu'ils attendent du gouvernement, c'est à d'autres moyens que le vote qu'ils devront recourir — ce qu'ils n'ont guère appris à faire encore, se contentant de maugréer en attendant de se faire tromper aune autre fois.

Pour le bulletin de vote économique, c'est tous les jours que le consommateur

doit en avoir, parce que c'est tous les jours qu'il a besoin de produits, et il n'obtient ces produits qu'en déposant son bulletin, sa piastre, au comptoir du marchand.

Mais il y a surtout la différence d'efficacité. Quand vous déposez votre bulletin de vote politique dans l'urne électorale, il est marqué d'une croix indiquant votre choix. Le soir de l'élection, il peut bien arriver que vous obteniez le contraire de votre choix. Vous avez réclamé Pierre, et c'est Paul qu'on vous donne comme député.

Ou bien, si c'est l'homme de votre choix, Pierre, qui est élu, c'est alors ceux qui réclamaient Paul qui obtiennent le contraire de leur choix.

Le vote économique, lui, vous donne toujours ce que vous demandez, et il donne à votre voisin ce que votre voisin demande, même si tous les deux vous demandez des choses toutes différentes. Il y a diversité de produits pour diversité de goûts, et satisfaction possible pour tous.

Vous sortez des bulletins de vote, des piastres, de votre porte-monnaie et vous dites: C'est pour du beurre — le marchand ne vous donnera pas des confitures. Votre voisin sortira ses bulletins de vote, ses piastres, et dira: C'est pour des confitures — le marchand ne lui donnera pas du beurre.

Vous votez ainsi sur toute la ligne: pour des souliers bruns ou des souliers noirs; pour une paire de pantalons ou un voyage en chemin de fer; pour un appareil de télévision ou un cercueil.

Vos bulletins de vote économique vous obtiennent ce que vous voulez, ce que vous choisissez individuellement. Et ce que vous avez choisi, le marchand le renouvelle dans son stock en passant une commande au producteur, agricole ou industriel. Et l'industriel produira les choses qui s'écoulent ainsi, pas celles pour lesquelles personne ne vote.

C'est ainsi que votre choix détermine les programmes de production, dicte quoi produire, sans dire le moins du monde comment faire pour le produire. Ce «comment» n'est pas votre affaire, c'est l'affaire du producteur, et vous savez que ce n'est pas un problème pour la production moderne.

Il en va ainsi dans la mesure où vous avez les bulletins, les piastres. Celui qui n'en a pas ne commande rien. Il ne vote pas. Il n'influence en aucune manière la production de son pays. Il n'est pas en démocratie économique. Et la démocratie politique, dans ces conditions, signifie peu de chose pour lui.

Cet homme, cette femme, ce consommateur dénué de bulletins de vote économique, à la merci de la pitié des autres, ça se trouve aujourd'hui, sous notre système de dictature d'argent. Mais ça ne se verra plus sous un régime de véritable démocratie économique, sous un régime de Crédit Social.

Louis Even

Questions

Après la lecture de cette leçon, le lecteur devrait être capable de répondre aux questions suivantes:

1. Le pouvoir d'achat dépend de deux facteurs. Lesquels?

2. Que veut dire le Crédit Social par «juste prix»? Comment ce «juste prix» se calculcle-t-il?

3. Pourquoi faut-il à la fois un escompte sur les prix et un dividende?

4. Dans vos mots, expliquez comment serait financé un pont d'un valeur de 50 millions $ qui doit durer 50 ans.

5. Quels sont les trois principes de base du Crédit Social?

6. Dans vos mots, expliquez pourquoi le Crédit Social peut être défini comme étant une «démocratie économique».

Leçon 7

L'histoire du contrôle bancaire aux États-Unis

La dictature des banquiers et leur système d'argent-dette ne se limite pas seulement au Canada, mais s'étend dans tous les pays du monde. En effet, il suffirait qu'un seul pays se libère de cette dictature et donne l'exemple de ce que pourrait être un système d'argent honnête, émis sans intérêt et sans dette par un office national de crédit qui représenterait la richesse réelle de la nation, pour que le système d'argent-dette des banquiers s'écroule dans le monde entier.

Cette lutte des Financiers internationaux pour installer leur système frauduleux d'argent-dette a été particulièrement virulente aux Etats-Unis depuis le tout début de leur existence, où les faits montrent que plusieurs hommes d'Etat américains étaient bien au courant du système d'argent malhonnête que les Financiers voulaient imposer et de tous les malheurs qu'il entraînerait pour l'Amérique. Ces hommes d'Etat étaient de véritables patriotes, qui ont fait tout ce qui était en leur pouvoir pour conserver aux Etats-Unis un système d'argent honnête, libre du contrôle des Financiers. Les Financiers font tout pour tenir cachée cette facette de l'histoire des Etats-Unis, de peur que l'exemple de ces patriotes ne soit suivi encore aujourd'hui. Voici ces faits que les Financiers voudraient que la population ignore:

La population la plus heureuse

Nous sommes en 1750. Les Etats-Unis d'Amérique n'existent pas encore; ce sont les 13 colonies sur le continent américain qui forment la «Nouvelle-Angleterre», possession de la mère-patrie, l'Angleterre. Benjamin Franklin écrivait de la population de ce temps: «Impossible de trouver de population plus heureuse et plus prospère sur toute la surface du globe.» Faisant rapport en Angleterre, on lui demanda le secret de cette prospérité dans les colonies, alors que la misère régnait dans la mère-patrie:

Benjamin Franklin

«C'est bien simple, répondit Franklin. Dans les colonies, nous émettons notre propre papier-monnaie, nous l'appelons Colonial Script, et nous en émettons assez pour faire passer facilement tous les produits des producteurs aux consommateurs. Créant ainsi notre propre papier-mon-

naie, nous contrôlons notre pouvoir d'achat et nous n'avons aucun intérêt à payer à personne.»

Les banquiers anglais, mis au courant, firent adopter par le Parlement anglais une loi défendant aux colonies de se servir de leur monnaie script et leur ordonnant de se servir uniquement de la monnaie-dette d'or et d'argent des banquiers qui était fournie en quantité insuffisante. La circulation monétaire dans les colonies se trouva ainsi diminuée de moitié.

«En un an, dit Franklin, les conditions changèrent tellement que l'ère de prospérité se termina, et une dépression s'installa, à tel point que les rues des colonies étaient remplies de chômeurs.»

Alors advint la guerre contre l'Angleterre et la déclaration d'indépendance des Etats-Unis, en 1776. Les manuels d'histoire enseignent faussement que la Révolution Américaine était due à la taxe sur le thé. Mais Franklin déclara: **«Les colonies auraient volontiers supporté l'insignifiante taxe sur le thé et autres articles, sans la pauvreté causée par la mauvaise influence des banquiers anglais sur le Parlement: ce qui a créé dans les colonies la haine de l'Angleterre et causé la guerre de la Révolution.»**

Les Pères Fondateurs des Etats-Unis, ayant tous ces faits en mémoire, et pour se protéger de l'exploitation des banquiers internationaux, prirent bien soin de stipuler clairement dans la Constitution américaine, signée à Philadelphie en 1787, dans l'article 1, section 8, paragraphe 5: **«C'est au Congrès qu'appartiendra le droit de frapper l'argent et d'en régler la valeur.»**

La banque des banquiers

Mais les banquiers ne lâchèrent pas le morceau. Leur représentant, Alexander Hamilton, fut nommé Secrétaire du Trésor (l'équivalent de notre ministre des Finances) dans le cabinet de George Washington, et se fit l'avocat d'une banque nationale privée et de la création d'un argent-dette avec de faux arguments, tels que: **«Une dette nationale, pourvu qu'elle ne soit pas excessive, est une bénédiction nationale... Le gouvernement se montrera sage en renonçant à l'usage d'un expédient aussi séduisant et dangereux, soit d'émettre son propre papier-monnaie.»** Hamilton leur fit aussi accroire que seul l'ar-

Alexander Hamilton

gent-dette des banques privées était valable pour les transactions avec les pays étrangers.

Thomas Jefferson, le Secrétaire d'Etat, était fortement opposé à ce projet, mais le président Washington se laissa finalement convaincre par les arguments d'Hamilton. Une banque nationale fut donc créée en 1791, la «Bank of the United States», avec une charte d'une durée de 20 ans. Quoique nommée «Banque des Etats-Unis», elle était plus véritablement la «banque des banquiers», puisqu'elle n'appartenait pas du tout à la nation, au gouvernement américain, mais aux individus détenteurs des actions de la banque, les banquiers privés. Le nom de «banque des Etats-Unis» fut délibérément choisi dans le but de laisser croire à la population américaine qu'elle était propriétaire de la banque, ce qui n'était pas du tout le cas. La charte expira en 1811 et le Congrès vota contre son renouvellement, grâce à l'influence de Jefferson et d'Andrew Jackson:

Andrew Jackson

«Si le Congrès, dit Jackson, a le droit d'après la Constitution d'émettre du papier-monnaie, ce droit leur a été donné pour être utilisé par eux seuls, non pas pour être délégué à des individus ou des compagnies privées.»

Ainsi se terminait l'histoire de la première Banque des Etats-Unis, mais les banquiers n'avaient pas dit leur dernier mot.

Les banquiers déclenchent la guerre

Nathan Rothschild, de la Banque d'Angleterre, lança un ultimatum: **«Ou bien le renouvellement de la charte est accordé, ou bien les Etats-Unis sont impliqués dans une guerre très désastreuse.»** Jackson et les patriotes américains ne se doutaient pas que le pouvoir des banquiers pouvait s'étendre jusque-là. «**Vous êtes un repaire de voleurs, de vipères, leur dit le président Jackson. J'ai l'intention de vous déloger, et par le Dieu Eternel, je le ferai ! »** Nathan Rothschild émit des ordres: **«Donnez une leçon à ces impudents Américains. Ramenez-les au statut de colonie.»**

Le gouvernement anglais déclencha la guerre de 1812 contre les Etats-Unis. Le plan de Rothschild était d'appauvrir les Américains par la guerre à un tel point qu'ils seraient obligés de demander de l'aide financière... qui bien sûr ne serait accordée qu'en retour du renouvellement de la charte de la «Bank of the United States». Il y eut des milliers de morts, mais qu'importe à Rothschild? Il avait atteint son but: la charte fut renouvelée en 1816.

Abraham Lincoln

Abraham Lincoln est assassiné

Abraham Lincoln fut élu Président des Etats-Unis en 1860 avec la promesse d'abolir l'esclavage des Noirs. 11 Etats du Sud, favorables à l'esclavage des Noirs, décidèrent donc de quitter l'Union, de se séparer des Etats-Unis: ce fut le début de la Guerre de Sécession, ou Guerre Civile Américaine (1861-65). Lincoln, étant à court d'argent pour financer les armées du Nord, partit voir les banquiers de New-York, qui lui offrirent de l'argent à des taux allant de 24 à 36%. Lincoln refusa, sachant parfaitement que c'était de l'usure et que cela mènerait les Etats-Unis à la ruine. Mais son problème d'argent n'était pas réglé pour autant.

Son ami de Chicago, le Colonel Dick Taylor, vint à la rescousse et lui suggéra la solution: **«Que le Congrès passe une loi autorisant l'émission de billets du Trésor ayant plein cours légal, payez vos soldats avec ces billets, allez de l'avant et gagnez votre guerre.»**

C'est ce que Lincoln fit, et il gagna la guerre: de 1862 à 1863, Lincoln fit émettre 450 millions $ de «greenbacks» (appelés ainsi par la population parce qu'ils étaient imprimés avec de l'encre verte au verso).

Lincoln déclara: **«Le gouvernement, possédant le pouvoir de créer et d'émettre la monnaie et le crédit en tant qu'argent, et bénéficiant du droit de retirer l'argent et le crédit de la circulation par les taxes ou autre moyen, n'a pas besoin, et ne devrait jamais emprunter de l'argent à intérêt comme moyen de financer les travaux gouvernementaux et les entreprises publiques... Le privilège de créer et émettre l'argent est non seulement la prérogative suprême du gouvernement, mais aussi sa plus grande opportunité créative.»**

Lincoln appela ces greenbacks **«la plus grande bénédiction que le peuple américain ait jamais eue.»** Bénédiction pour tous, sauf pour les banquiers, puisque cela mettait fin à leur «racket» du vol du crédit de la nation et de création d'argent avec intérêt. Ils mirent donc tout en oeuvre pour saboter l'oeuvre de Lincoln. Lord Goschen, porte-parole des Financiers, écrivit dans le *London Times* (citation tirée de *Who Rules America*, par C. K. Howe, et reproduite dans *Lincoln Money Martyred*, par R. E. Search):

«Si cette malveillante politique financière provenant de la République nord-américaine devait s'installer pour de bon, alors, ce gouvernement fournira sa propre monnaie sans frais. Il s'acquittera de ses dettes et sera sans aucune dette. Il aura tout l'argent nécessaire pour mener son commerce. Il deviendra prospère à un niveau sans précédent dans toute l'histoire de la civilisation. Ce gouvernement doit être détruit, ou il détruira toute monarchie sur ce globe.» (La monarchie des contrôleurs du crédit.)

Tout d'abord, dans le but de discréditer les greenbacks, les banquiers persuadèrent le Congrès de voter , en février 1862, la «Clause d'Exception», qui stipulait que les greenbacks ne pouvaient être utilisés pour payer l'intérêt sur la dette nationale. Ensuite, ayant financé l'élection d'assez de sénateurs et de députés, les banquiers firent voter par le Congrès en 1863 le retrait de la loi des Greenbacks et son remplacement par le National Banking Act (Loi des Banques Nationales, où l'argent serait créé avec intérêt par des compagnies privées).

Cette loi stipulait aussi que les greenbacks seraient immédiatement retirés de la circulation aussitôt leur retour au Trésor pour paiement des taxes. Lincoln protesta énergiquement, mais son objectif le plus pressant était de gagner la guerre et de sauver l'Union, ce qui l'obligea à remettre après la guerre le veto qu'il projetait contre cette loi et l'action qu'il entendait prendre contre les banquiers. Lincoln déclara tout de même: **«J'ai deux grands ennemis: l'armée du Sud en face et les banquiers en arrière. Et des deux, ce sont les banquiers qui sont mes pires ennemis.»**

Lincoln fut réélu Président en 1864 et fit clairement savoir qu'il s'attaquerait au pouvoir des banquiers une fois la guerre terminée. La guerre se termina le 9 avril 1865, mais Lincoln fut assassiné cinq jours plus tard, le 14 avril. Une formidable restriction du crédit s'ensuivit, organisée par les banques. L'argent en circulation dans le pays, qui était de 1907 millions $ en 1866, soit 50,46 $ pour chaque Américain, tomba à 605 millions $ en 1876, soit 14,60 $ par Américain. Résultat: en dix ans, 54 446 faillites, pertes de 2 milliards $. Cela ne suffisant pas, on alla jusqu'à réduire la circulation d'argent à 6,67 $ par tête en 1867 !

William Jennings Bryan: «Les banques doivent se retirer»

William Jennings Bryan

L'exemple de Lincoln demeurait néanmoins dans plusieurs esprits, même jusqu'en 1896. Cette année-là, le candidat démocrate à la présidence était William Jennings Bryan, et encore une fois, les livres d'histoire nous disent que ce fut une bonne chose qu'il ne fut pas élu président, car il était contre la monnaie «saine» des banquiers, l'argent créé sous forme de dette, et contre l'étalon-or:

«Nous disons dans notre programme que nous croyons que le droit de frapper et d'émettre la monnaie est une fonction du gouvernement. Nous le croyons. Et ceux qui y sont opposés nous disent que l'émission de papier-monnaie est une fonction de la banque, et que le gouvernement doit se retirer des affaires de la banque. Eh bien! moi je leur dis que l'émission de l'argent est une fonction du gouvernement, et que les banques doivent se retirer des affaires du gouvernement... Lorsque nous aurons rétabli la monnaie de la Constitution, toutes les autres réformes nécessaires seront possibles, mais avant que cela ne soit fait, aucune autre réforme ne peut être accomplie.»

La Réserve fédérale: le plus gigantesque trust

C.A. Lindbergh

Et finalement, le 23 décembre 1913, le Congrès américain votait la loi de la Réserve Fédérale, qui enlevait au Congrès lui-même le pouvoir de créer l'argent, et remettait ce pouvoir à la «Federal Reserve Corporation». Un des rares membres du Congrès qui avait compris tout l'enjeu de cette loi, Charles A. Lindbergh (le père du célèbre aviateur), déclara:

«Cette loi établit le plus gigantesque trust sur terre. Lorsque le Président (Wilson) signera ce projet de loi, le gouvernement invisible du Pouvoir Monétaire sera légalisé... le pire crime législatif de tous les temps est perpétré par cette loi sur la banque et le numéraire.»

L'éducation du peuple

Qu'est-ce qui a permis aux banquiers d'obtenir finalement le monopole complet du contrôle du crédit aux Etats-Unis? L'ignorance de la population sur la question monétaire. John Adams écrivait à Thomas Jefferson, en 1787:

«Toutes les perplexités, désordres et misères ne proviennent pas tant de défauts de la Constitution, du manque d'honneur ou de vertu, que d'une ignorance complète de la nature de la monnaie, du crédit et de la circulation.»

Salmon P. Chase, Secrétaire du Trésor sous Lincoln, déclara publiquement, peu après le passage de la loi des Banques Nationales:

«Ma contribution au passage de la loi des Banques Nationales fut la plus grande erreur financière de ma vie. Cette loi a établi un monopole qui affecte chaque intérêt du pays. Cette loi doit être révoquée, mais avant que cela puisse être accompli, le peuple devra se ranger d'un côté, et les banques de l'autre, dans une lutte telle que nous n'avons jamais vue dans ce pays.»

Salmon P. Chase

Et l'industriel Henry Ford a dit:

«Si la population comprenait le système bancaire, je crois qu'il y aurait une révolution avant demain matin.»

L'éducation du peuple, voilà la solution. Et c'est justement la formule de Vers Demain. Ah! si tous les créditistes comprenaient leur responsabilité de répandre Vers Demain! Le Crédit Social, qui établirait une économie où tout est ordonné au service de la personne humaine, a justement pour but de développer la responsabilité personnelle, de créer des hommes responsables. Chaque conquête d'un esprit au Crédit Social est une avance. Chaque personne formée par le Crédit Social est une force, et chaque acquisition de force est un pas de plus vers la victoire. Et depuis 70 ans, que de forces acquises!... Et si elles étaient toutes actives, le Crédit Social, c'est réellement avant demain matin qu'on l'aurait!

Comme l'écrivait Louis Even en 1960: **«L'obstacle n'est ni le financier, ni le politicien, ni aucun adversaire déclaré. L'obstacle est seulement dans la passivité d'un trop grand nombre de créditistes qui souhaitent bien voir venir le triomphe de la cause, mais qui laissent à d'autres le soin de la promouvoir.»**

En somme, c'est le refus d'endosser notre responsabilité. «A ceux qui ont beaucoup reçu, il sera beaucoup demandé.» (Luc 12, 48.) Examen de conscience, chers créditistes, conversion personnelle, un petit coup de coeur et endossons nos responsabilités. Nous n'avons jamais été aussi près de la victoire! Notre responsabilité, c'est de faire connaître le Crédit Social aux autres, en les faisant s'abonner à Vers Demain, le seul journal qui fait connaître cette brillante solution.

La loi du Crédit votée par le Congrès américain en 1932

C'est l'éducation du peuple qui est nécessaire. Quand les pressions provenant du peuple seront assez fortes, tous les partis seront d'accord pour adopter la réforme du Crédit Social. Un bel exemple de cela peut être trouvé dans le «bill Goldsborough» de 1932, qu'un auteur a décrit comme étant «la réforme monétaire qui est venue le plus près de réussir en vue de l'établissement d'une monnaie véritablement saine aux Etats-Unis»:

«Une majorité écrasante des membres du Congrès américain (289 contre 60) était déjà en faveur de cette loi en 1932; et cela dure encore depuis, sous une forme ou sous une autre. Seul l'espoir futile que le nouveau Président d'alors (Roosevelt) puisse rétablir la prospérité sans abandonner le système d'argent-dette dont l'Amérique avait hérité, empêcha le Crédit Social de devenir la loi des Etats-Unis. En 1936, lorsque le "New Deal" (solution de Roosevelt) se montra incapable de régler efficacement la crise économique, les partisans du Crédit Social revinrent en force. Le dernier effort significatif pour gagner son adoption survint en 1938.» (W. E. Turner, *Stable Money*, p. 167.)

Même le dividende et l'escompte compensé, deux éléments essentiels du Crédit Social, étaient mentionnés dans ce projet de loi, qui fut surnommé «bill Goldsborough», du nom du député démocrate du Maryland, T. Alan Goldsborough, qui le présenta en Chambre pour la première fois le 2 mai 1932.

Deux personnes qui soutinrent le projet de loi retiennent particulièrement notre attention: Robert L. Owen, sénateur de l'Oklahoma de 1907 à 1925 et directeur de banque pendant 46 ans, et Charles G. Binderup, député du Nebraska. Owen publia un article en mars 1936 dans la revue de J. J. Harpell, The Instructor (et sa version française, Le Moniteur), dont Louis Even était le rédacteur-adjoint. Quant à M. Binderup, il donna plusieurs causeries à la radio américaine, durant la crise, pour expliquer les méfaits du contrôle du crédit par des intérêts privés.

Voici des extraits du discours de Robert Owen à la Chambre des Représentants, le 28 avril 1936: **«...le projet de loi qu'il (Goldsborough) présenta alors, avec l'approbation du Comité sur les Ban-**

Robert L. Owen

ques de la Chambre — et je crois que ce fut pratiquement un rapport unanime. Ce projet de loi fut débattu deux jours à la Chambre, un très simple projet de loi, établissant la politique des Etats-Unis de rétablir et de maintenir la valeur de la monnaie, et ordonnant au Secrétaire du Trésor, aux officiers de la Commission de la Réserve Fédérale et aux Banques de la Réserve Fédérale, de rendre cette politique effective. C'était tout, mais suffisant, et le bill passa, non par un vote partisan: 117 députés républicains votèrent en faveur de ce projet de loi (qui avait été présenté par un député démocrate), et le bill passa par 289 voix contre 60, et de ces 60 députés, seulement 12, par la volonté du peuple, sont encore au Congrès.

«Ce bill fut défait par le Sénat, parce qu'il ne fut pas réellement compris. Il n'y avait pas eu suffisamment de discussion à son sujet dans le public. Il n'y avait pas d'opinion publique organisée pour l'appuyer.»

Tout est là. C'est l'éducation du peuple que ça prend. Républicains comme Démocrates votèrent en sa faveur, et il n'y eut donc point besoin de «parti» du Crédit Social. De plus, Owen admet que ce qui manquait, c'était l'éducation du peuple, une force dans le peuple. Cela confirme la méthode de Vers Demain, préconisée par Douglas et Louis Even: il faut éduquer la population (en distribuant des circulaires et prenant de l'abonnement à Vers Demain).

Le bill Goldsborough était intitulé: **«Loi pour rendre au Congrès son pouvoir constitutionnel d'émettre la monnaie et d'en régler la valeur; de fournir un revenu monétaire à la population des Etats-Unis avec un pouvoir d'achat fixe et équitable du dollar, suffisant en tout temps pour permettre à la population d'acheter les biens et les services désirés selon la pleine capacité des possibilités du commerce et de l'industrie des Etats-Unis... Le système actuel, qui émet l'argent à travers l'initiative privée pour le profit, résultant en fréquentes et désastreuses inflations et déflations, doit cesser.»**

Le projet de loi prévoyait aussi un escompte sur les prix à être remboursé aux marchands, et un dividende, devant commencer à $5 par mois (en 1932), à chaque citoyen de la nation. Plusieurs groupes témoignèrent en Chambre en faveur de ce projet de loi, faisant ressortir qu'il contenait tous les mécanismes nécessaires pour empêcher toute inflation des prix.

L'ignorance de la population

Le plus ardent opposant à ce projet de loi au Sénat était Carter Glass, ancien Secrétaire du Trésor, et farouche partisan de la «Federal Reserve» (contrôle privé de la monnaie). Aussi, le Secrétaire du Trésor (Ministre des Finances) de Roosevelt, Henry Morgenthau, fortement opposé à toute réforme monétaire, disait qu'il valait mieux «donner une chance» au «New Deal» de Roosevelt.

Ce qui aida le plus les adversaires du bill, c'est l'ignorance quasi totale de la question monétaire dans la population... et même dans le Sénat. Certains sénateurs, ignorant même jusqu'au mécanisme de la création de l'argent (crédit) par les banques, s'écriaient: «Mais le gouvernement ne peut pas créer de l'argent comme ça ! Ça va faire de l'inflation ! » Et d'autres, tout en admettant la nécessité de la création d'argent sans dette, ne voyaient pas la nécessité du dividende ou de l'escompte compensé. En fait, toutes ces objections tombent d'elles-mêmes après une étude un peu sérieuse du Crédit Social.

Citations célèbres sur la question de l'argent

«Laissez-moi émettre et contrôler la monnaie d'une nation, et je ne fiche de qui fait ses lois.» — Mayer Amschel Rothschild (1744-1812), père fondateur de la finance internationale

«L'histoire nous dit que les changeurs d'argent ont eut recours à toute forme d'abus, d'intrigue, de tromperie, et autres moyens les plus violents possibles pour conserver leur contrôle sur les gouvernements en contrôlant l'argent et son émission.» — Le Président américain James Madison

«Les puissances d'argent dénoncent comme étant ennemis publics tous ceux qui remettent en question leurs méthodes ou font la lumière sur leurs crimes.» — Le candidat démocrate à la présidence William Jennings Bryan

«Quiconque contrôle la quantité d'argent dans un pays est le maître absolu de toute l'industrie et du commerce.» — Le Président américain James A. Garfield

«Le système bancaire fut conçu dans l'iniquité et né dans le péché. Les banquiers possèdent la planète. Enlevez-leur la planète, mais laissez-leur le pouvoir de créer l'argent, et d'un trait de plume, ils créeront assez d'argent pour racheter la planète et en devenir les propriétaires... Si vous voulez continuer d'être les esclaves des banquiers et payer le prix de votre esclavage, alors laissez les banquiers continuer de créer l'argent et de contrôler le crédit.» — Sir Josiah Stamp, gouverneur de la Banque d'Angleterre, 1940.

«Le procédé par lequel les banques créent l'argent est si simple qu'il en répugne notre esprit.» — John K. Galbraith, dans *Money: Whence it came, where it went*, p. 29.

«Les banques créent l'argent. Il y a longtemps qu'elles le font, mais elles ne s'en étaient pas bien rendu compte, et elles ne voulaient pas l'admettre. Très peu l'admettaient. C'est ce que vous constaterez dans toutes sortes de documents, de manuels de finance, etc. Mais depuis, et nous devons être très francs à ce sujet, il y a eu évolution, si bien qu'aujourd'hui, je doute que vous trouviez beaucoup de banquiers éminents essayant de nier que les banques créent le crédit.» — H. W. White, président des Banques Associées de Nouvelle-Zélande, devant la Commission monétaire de Nouvelle-Zélande, 1955.

Thomas Edison et Henry Ford

Terminons cet article avec les citations de deux grands citoyens américains, Thomas Edison et Henry Ford:

Edison: **«A travers notre histoire, quelques-uns des plus grands Américains ont cherché à casser l'empreinte hamiltonienne (l'argent-dette d'Alexander Hamilton) sur notre politique monétaire, dans le but d'y substituer une monnaie stable en fonction des besoins physiques de la nation. Un manque de compréhension dans le public et chez les autorités, combiné au pouvoir des intérêts bancaires qui ont machiné des intérêts personnels dans la présente situation chaotique, ont jusqu'ici contrecarré tout effort.**

«Ne les laissez pas vous embarrasser avec le cri de "monnaie de papier". Le danger du papier-monnaie est précisément le danger de l'or — si vous en avez trop, ce n'est pas bon. Il n'y a qu'une règle pour l'argent et c'est d'en avoir assez pour mener tout le commerce légitime qui attend d'être fait ...

«Si les Etats-Unis adoptent cette politique d'augmenter leur richesse nationale sans rien payer au collecteur d'intérêts — car toute dette nationale est faite d'intérêts à payer — alors vous verrez une ère de progrès et de prospérité dans ce pays qui n'aurait jamais pu arriver autrement.»

Et un appel d'Henry Ford:

«La jeunesse qui pourra résoudre la question monétaire fera plus pour le monde que toutes les armées de l'histoire.»

Jeunes, affamés de vérité et de justice, avez-vous compris? Joignez les rangs des apôtres du journal Vers Demain, pour le salut de votre pays et de tous vos concitoyens. Les Pèlerins de saint Michel ont besoin de vous. Ils vous attendent!

Questions

Après la lecture de cette leçon, le lecteur devrait être capable de répondre aux questions suivantes:

1. Au temps de Benjamin Franklin, comment expliquer que la Nouvelle-Angleterre prospérait alors que la misère régnait dans la mère-patrie, l'Angleterre?

2. Quels ont été les arguments d'Alexander Hamilton pour convaincre d'utiliser l'argent-dette des banquiers privés?

3. Comment le président Lincoln a-t-il financé son armée durant la Guerre de Sécession?

4. Qu'a-t-il manqué au Bill Goldsborough pour devenir loi aux États-Unis en 1932?

Leçon 8
Le Crédit Social n'est pas un parti politique Mais une finance saine et efficace

Compter sur un parti, une illusion

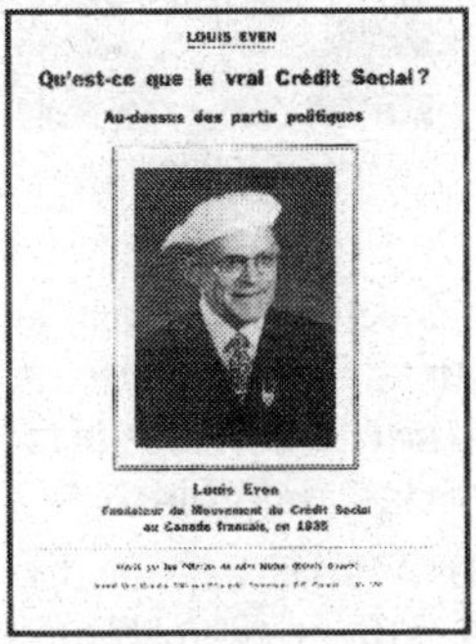

(Le texte suivant est tiré de la brochure de Louis Even «Qu'est-ce que le vrai Crédit Social ? Au-dessus des partis politiques»:)

L'application du Crédit Social instaurerait une démocratie authentique. Démocratie économique, en rendant chaque consommateur capable de commander à la production du pays les biens de vie nécessaires à ses besoins. Démocratie politique, en autant que le peuple pourrait signifier à ses représentants élus, à ses gouvernements, ce qu'il attend d'eux et en exiger des résultats. (*Demos*, peuple; *kratein*, régner. — Démocratie: souveraineté du peuple.)

Tout créditiste tant soit peu renseigné sait bien qu'aujourd'hui, le pouvoir suprême n'est exercé ni par le peuple, ni par ses gouvernants, mais par une coterie financière. Des hommes d'Etat, comme Gladstone, Wilson, et bien d'autres, l'ont déclaré explicitement. Mackenzie King promettait, en 1935, la plus grande bataille de tous les temps «entre les puissances financières et le peuple.» Bataille qu'il n'a pas engagée, sans doute parce qu'il jugeait les puissances financières trop fortes et le peuple trop faible.

Faible, le peuple l'est, en effet; et il peut bien l'être quand, premièrement, il ignore à peu près tout de la chose publique et de ce qui se passe dans les coulisses; faible, deuxièmement, quand, au lieu de l'instruire de ces choses, ceux qui s'agitent devant lui le divisent en factions politiques adversaires les unes des autres. Ce n'est pas une faction de plus qui créera l'union, l'union qui ferait sa force, alors que la division accentue sa faiblesse.

C'est un homme de génie, Clifford Hugh Douglas, qui a découvert la grande vérité qu'est le Crédit Social; lui qui a fondé l'école créditiste. Il connaissait certainement mieux ce que le Crédit Social signifie, en fait de démocratie, que ces petits hommes de chez nous qui voudraient faire du Crédit Social le fanion de leur course au pouvoir, ou au moins une estrade pour leurs trémoussements à la recherche d'un siège de député.

Clifford Hugh Douglas

Or, Douglas déclarait, dans une conférence à Newcastle-upon-Tyne, le 19 mars 1937, qu'il existe en Angleterre deux principaux obstacles à une démocratie authentique, et le premier de ces obstacles, c'est le système de partis.

Il en est de même au Canada, et la solution ne consiste pas à nourrir le système de partis, mais à l'affaiblir. Rendre les partis existants inoffensifs, non pas en faisant une autre coupure dans le peuple, mais au contraire en unissant les citoyens, tous les citoyens, sans distinction de partis, pour exprimer leur volonté commune à leurs élus, quels que soient ces élus et leur couleur politique. Mettre l'accent sur ce qui se fait entre les élections, quand se tisse le sort des citoyens, plus que lors des élections quand se joue le sort des politiciens.

Unir les citoyens. Pour cela, commencer par les faire prendre conscience qu'ils veulent tous les mêmes choses fondamentales; puis les convaincre qu'en insistant de concert pour obtenir ce que tous veulent ainsi, ils l'obtiendraient infailliblement.

C'est encore le Major Douglas qui, en une autre occasion, à Liverpool, le 30 octobre 1936, disait:

«La souveraineté du peuple, c'est-à-dire son aptitude effective à donner des ordres, croîtrait avec son unanimité; et si tout le peuple demandait le même résultat, il n'y aurait aucune possibilité de partis, et il serait également impossible de résister à sa demande.»

Voilà bien, il nous semble, une ligne de conduite toute tracée. Ligne de conduite parfaitement en accord avec le bon sens même.

Vous ne pourrez jamais mettre tout le monde d'accord autour d'une boîte électorale. Mais vous pouvez mettre passablement tout le monde d'accord sur les résultats à réclamer de la politique, si vous avez soin de les présenter dans l'ordre de leur universalité et de leur urgence: la sécurité économique, une suffisance de biens aujourd'hui et garantie pour demain, la liberté de chacun à choisir son occupation et son mode de vie. Tout le monde veut ces choses-là; et, comme le remarque Douglas, même ceux qui ne s'en soucient pas pour les autres les veulent pour eux-mêmes.

Pourquoi donc centraliser l'attention et tourner les activités vers la boîte électorale, vers la chose qui désunit, au lieu de s'appliquer à unir effectivement tout le monde autour de demandes sur lesquelles tout le monde peut être d'accord?

Jamais une réforme importante n'a été obtenue par la formation d'un nouveau parti politique. La plupart du temps, le parti établi en vue d'une réforme majeure meurt faute de succès électoral; et si, par hasard, il arrive au pouvoir, il trouve assez d'obstacles, devant lesquels il finit par s'immobiliser et n'avoir plus d'autre objectif que de rester au pouvoir sans rien faire de plus que les partis traditionnels. Pour vaincre les obstacles, il lui manquait une force: celle d'un peuple suffisamment éclairé et suffisamment formé, politiquement.

D'ailleurs, une réforme ne peut pas naître d'une élection. Elle provient, de façon naturelle et démocratique, de la maturation d'une idée-force bien cultivée; de son acceptation, de sa demande par un nombre suffisant d'esprits pour créer une volonté générale, exprimée sans être liée aux aléas de résultats électoraux.

Le Crédit Social entrera dans la législation du pays quand il sera devenu l'objet d'une demande générale, tellement affirmée que tous les partis politiques l'accueilleront dans leur programme. Le séquestrer dans un parti politique, c'est lier son sort au sort électoral de ce parti. Et ça peut signifier recul au lieu d'avance.

Une idée nouvelle se diffuse par la propagande, elle s'enracine par l'étude. Plus elle est neuve et de vaste portée, plus son expansion et son implantation demandent d'efforts, de temps aussi ordinairement, de ténacité toujours. La cause qui la porte a bien plus besoin d'apôtres que de députés.

Les promoteurs de partis nouveaux jugent sans doute que l'éducation politique du peuple prendrait trop de temps, si toutefois ils se sont arrêtés à cette pensée. Un bon vote leur paraît une méthode plus normale et surtout plus rapide. Résultat: des pierres tombales, que ne visitent même plus ceux qui patronnaient ces partis défunts. Nombre de ces messieurs se sont gentiment casés depuis sous les ailes de partis traditionnels qu'ils avaient pourtant éloquemment dénoncés.

Monter la force du peuple, pour que son poids sur les gouvernements dépasse la force des puissances financières. Ce n'est pas dans un parlement que l'on monte la force du peuple. C'est là où le peuple est — en dehors des parlements. Et c'est là la place d'un véritable mouvement créditiste.

Douglas et l'électoralisme

Le Social Credit Secretariat, organisme fondé par le major Douglas lui-même, vient de rééditer une conférence donnée par le fondateur du Crédit Social, le 7 mars 1936. Ce jour-là, Douglas ne parlait pas à un public quelconque, mais à des créditistes.

Dans cette conférence, Douglas recommande la politique de pression et condamne vigoureusement la méthode parti politique, surtout celle d'un parti «du Crédit Social». Il condamne cette méthode, non seulement parce qu'elle est d'avance vouée à l'échec, mais parce que c'est lier la belle chose qu'est le Crédit Social à une politique de boîte électorale. Douglas va jusqu'à dire:

«Si vous élisez un parti du Crédit Social, en supposant que vous en soyez capables, je puis vous dire que je considérerais l'élection d'un parti créditiste au pouvoir en ce pays comme une des plus grandes catastrophes qui puisse arriver.»

La fonction propre d'un député, expliquait Douglas, c'est de recevoir et transmettre au gouvernement l'expression de la volonté légitime de ses électeurs. La fonction propre d'un gouvernement, c'est d'accueillir cette demande et de donner aux experts l'ordre d'y faire suite (aux experts, donc aux financiers pour la finance). Non pas dire à ces experts comment s'y prendre, mais leur désigner le résultat à obtenir et exiger ce résultat.

Et le rôle du peuple, lui, c'est de prendre conscience des objectifs qu'il veut communément et d'exprimer cette volonté à ses représentants. C'est là que ça doit commencer, de là que ça doit partir, chez les électeurs. Donc, au lieu de placer l'importance sur l'élu, la placer sur les électeurs.

Selon les mots de Douglas: **«Si vous admettez que le but, en envoyant des représentants au parlement, est d'obtenir ce que vous voulez, pourquoi élire une catégorie spéciale d'hommes, un parti spécial plutôt qu'un autre? Les hommes qui sont là sont capables de passer vos commandes — c'est là leur rôle. Ce n'est pas leur rôle de dire comment cela sera obtenu. Le comment doit être laissé aux experts.»**

C'est le quoi qui doit être signifié aux experts, et ce quoi doit procéder d'abord des citoyens eux-mêmes.

L'électoralisme a perverti le sens de la démocratie. Les partis politiques ne sont bons qu'à diviser le peuple, affaiblir sa force et le conduire à des déceptions. Y ajouter un parti nouveau ne peut qu'ajouter une autre déception sous un autre nom. Déception encore plus funeste si l'aventure traîne avec elle le vocable d'une cause excellente comme celle du Crédit Social.

(Le texte suivant est tiré de la brochure de Louis Even «Une finance saine et efficace»)

A la racine du mal

Pourquoi critiquer et dénoncer le système financier actuel?

Parce qu'il n'accomplit pas sa fin.

Quelle est la fin d'un système financier?

La fin d'un système financier, c'est de financer. Financer la production des biens qui répondent aux besoins; et financer la distribution de ces biens pour qu'ils atteignent les besoins.

Si le système financier fait cela, il accomplit son rôle. S'il ne le fait pas, il n'accomplit pas son rôle. S'il fait autre chose, il sort de son rôle.

Pourquoi dites-vous que le système financier actuel n'accomplit pas son rôle?

Parce qu'il y a des biens — biens publics et biens privés — qui sont demandés par la population, qui sont parfaitement réalisables physiquement, mais qui restent dans le néant parce que le système financier ne finance pas leur production.

D'autre part, il y a des biens offerts à une population qui en a besoin, mais que des personnes ou des familles ne peuvent se procurer, parce que le système financier ne finance pas la consommation. Ces faits sont indéniables.

Avec quoi finance-t-on la production ou la consommation?

Avec des moyens de paiement. Ces moyens de paiement peuvent être de l'argent métallique, du papier-monnaie légal, ou des chèques tirés sur des comptes de banque.

Tous ces moyens de paiement peuvent être inclus sous le terme de «crédit financier», parce que tout le monde les accepte avec confiance. Le mot crédit implique la confiance. On accepte avec la même confiance 4 pièces de 25 sous en argent, ou un billet de la Banque du Canada d'un dollar, ou un chèque d'un dollar sur n'importe quelle banque où le signataire du chèque a un compte de banque. On sait, en effet, qu'avec l'un ou l'autre de ces trois moyens de paiement, on peut payer du travail ou des matériaux pour la valeur d'un dollar si l'on est producteur, ou des biens consommables pour la valeur d'un dollar si l'on est consommateur.

D'où ce «crédit financier», ces moyens de paiement tirent-ils leur valeur?

Le crédit financier tire sa valeur du «crédit réel». C'est-à-dire de la capacité de production du pays. Le dollar, de n'importe quelle forme, n'a de valeur que parce que la production du pays peut fournir des produits pour y répondre. On peut bien appeler cette capacité de produire «crédit réel», parce que c'est un facteur réel de confiance. C'est le crédit réel d'un pays, sa capacité de production, qui fait qu'on a confiance de pouvoir vivre dans ce pays.

A qui appartient ce «crédit réel»?

C'est un bien de la société. Sans doute que des capacités individuelles et des capacités de groupes de toutes sortes y contribuent. Mais sans l'existence de richesses naturelles, qui sont un don de la Providence et non pas le résultat d'une compétence individuelle, sans l'existence d'une société organisée qui permet la division du travail, sans des services publics comme les écoles, les routes, les moyens de transport, etc., la capacité globale de production serait beaucoup plus faible, très faible même.

C'est pourquoi l'on parle de production nationale, d'économie nationale, ce qui ne veut nullement dire production étatisée. C'est dans cette capacité globale de production que le citoyen, que chaque citoyen doit pouvoir trouver une base de confiance pour la satisfaction de ses besoins matériels. Pie XII disait dans son message de Pentecôte 1941:

«L'économie nationale, fruit d'activités d'hommes qui travaillent unis dans la communauté nationale, ne tend pas à autre chose qu'à assurer sans interruption les conditions matérielles dans lesquelles pourra se développer pleinement la vie individuelle des citoyens.»

A qui appartient le «crédit financier»?

A sa source, le crédit financier appartient à la collectivité, au même titre que le crédit réel d'où il tire sa valeur. C'est un bien communautaire dont doivent bénéficier, d'une manière ou de l'autre, tous les membres de la communauté.

Comme le «crédit réel», le crédit financier est par sa nature même un crédit social.

L'utilisation de ce bien communautaire ne doit pas être soumise à des conditions qui entravent la capacité de production, ni qui détournent la production de sa fin propre qui est de servir les besoins humains: besoins d'ordre privé et besoins d'ordre public, dans l'ordre de leur urgence. Satisfaction des besoins essentiels de tous, avant les demandes de luxe de quelques-uns; avant aussi le faste et les projets pharaoniques d'administrateurs publics avides de renommée.

Est-il possible d'obtenir de l'économie générale le respect de cette hiérarchie des besoins, sans une dictature qui planifie tout et qui impose les programmes de production et gère la répartition des produits?

Certainement, c'est possible, moyennant un système financier qui garantisse à chaque individu une part du crédit financier communautaire. Une part suffisante pour que l'individu puisse commander lui-même à la production du pays de quoi satisfaire au moins ses besoins essentiels.

Un tel système financier ne dicterait rien. La production prendrait ses programmes des commandes venant des consommateurs, pour ce qui est des biens d'ordre privé; et elle les prendrait des commandes venant des corps publics, pour ce qui est des biens d'ordre public. Le système financier servirait ainsi, d'une part, à exprimer les volontés des consommateurs; d'autre part, il serait au service des producteurs pour mobiliser la capacité de production du pays dans le sens des demandes ainsi exprimées.

Pour cela, évidemment, il faut un système financier qui se plie au réel, et non pas qui le violente. Un système financier qui reflète les faits, et non pas qui les contredise. Un système financier qui distribue, et non pas qui rationne. Un système financier qui serve l'homme, et non pas qui l'avilisse.

Un tel système financier est-il concevable?

Oui. Les grandes lignes en ont été tracées par C. H. Douglas, le maître génie qui a présenté au monde ce qu'on appelle le Crédit Social (à ne pas confondre avec les prostitutions de partis politiques qui se parent de ce nom).

Douglas a résumé en trois propositions les principes de base d'un système qui répondrait à ces fins et qui, par ailleurs, serait assez souple pour suivre l'économie dans tous ses développements, jusqu'à n'importe quel degré de mécanisation, de motorisation ou d'automatisation.

Quelles sont ces trois propositions de Douglas?

Douglas a énoncé publiquement ces trois propositions en trois circonstances: à Swanwick, en 1924; devant le Comité MacMillan, en mai 1930; dans une conférence prononcée à la salle Caxton, de

Londres, en octobre 1930. Et il les a reproduites dans des écrits de lui, entre autres dans *The Monopoly of Credit*.

La première de ces propositions a trait à la finance de la consommation, par un ajustement entre le pouvoir d'achat et les prix:

«Les moyens d'achat (cash credits) entre les mains de la population d'un pays doivent, en tout temps, être collectivement égaux aux prix collectifs à payer (collective cash prices) pour les biens consommables mis en vente dans ce pays ; et ces moyens d'achat (cash credits) doivent être annulés lors de l'achat des biens de consommation.»

Douglas n'a rien changé dans les termes de cette proposition: ils étaient les mêmes en 1930 qu'en 1924. Dans cette proposition, pour mentionner les moyens de paiement, numéraire ou argent scriptural, entre les mains des consommateurs, Douglas emploie le terme «cash credits», tandis que, lorsqu'il parle de finance de la production, il dit simplement «credits».

La différence entre les deux, c'est que l'argent entre les mains des consommateurs est à eux: c'est pour eux du pouvoir d'achat, qu'ils emploient selon leur volonté en obtenant des produits de leur choix. Tandis que les crédits à la production sont des avances que le producteur doit rembourser lorsqu'il aura vendu ses produits.

Quel est le but de cette première proposition énoncée par Douglas?

Cette proposition a pour but de réaliser ce qu'on peut appeler le pouvoir d'achat parfait, en établissant l'équilibre entre les prix à payer par les acheteurs et l'argent entre les mains des acheteurs.

Le Crédit Social fait une différence entre le prix de revient comptable (cost price) et le prix à payer par l'acheteur (cash price). L'acheteur n'aurait pas à payer le prix de revient intégral, mais seulement ce prix amené à un niveau correspondant aux moyens d'achat entre les mains de la population.

Le prix comptable doit toujours être récupéré par le producteur, s'il veut rester en affaires. Mais le prix à payer doit être au niveau des moyens d'achat entre les mains des consommateurs, si l'on veut que la production atteigne sa fin, qui est la consommation.

Comment cette double condition peut-elle être réalisable?

Par un mécanisme d'ajustement des prix. Un ajustement, et non pas une fixation des prix: l'établissement des prix de revient est affaire des producteurs eux-mêmes, ce sont eux qui savent ce que la production leur coûte de dépenses.

L'ajustement proposé comporterait un coefficient qui s'appliquerait à tous les prix au détail. Ce coefficient serait calculé périodiquement (tous les trois ou six mois, par exemple), d'après le rapport entre la consommation totale et la production totale pendant le terme écoulé.

Si, par exemple, dans le terme écoulé, la production de toute sorte dans le pays s'est totalisée à 40 milliards de dollars, et si la consommation de toute sorte s'est totalisée à 30 milliards, on en conclut que, quels que soient les prix comptables de revient c'est en réalité 30 milliards qu'a coûté au pays la production des 40 milliards. C'est donc 30 milliards qui est le véritable coût de la production totale de 40 milliards. Et si les producteurs doivent récupérer 40 milliards, les consommateurs, eux, ne doivent payer que 30 milliards. Les 10 milliards manquant doivent être fournis aux producteurs par une autre source, non pas par les acheteurs. C'est au mécanisme monétaire d'y voir.

Dans ce cas, le coefficient appliqué à tous les prix au détail sera de 3/4: les prix de revient seront multipliés par ce coefficient, par 3/4 ou 0,75. L'acheteur ne paiera donc que 75 pour cent du prix comptable.

Autrement dit, un escompte général de 25 pour cent (le contraire d'une taxe de vente) va être décrété sur tous les prix de vente au détail pour la durée du terme qui commence. A la fin de chaque terme, le taux de l'escompte général est ainsi calculé en fonction de l'état de la consommation par rapport à l'état de la production du terme écoulé. On se rapproche ainsi le plus possible du pouvoir d'achat parfait.

On appelle parfois cette opération un prix compensé ou un escompte compensé, parce que l'argent que le vendeur n'obtient pas de l'acheteur à cause de cet escompte, il le reçoit ensuite de l'Office du Crédit National. Cette compensation permet au vendeur de récupérer son plein prix de revient. Personne n'est perdant. Tout le monde y gagne par l'écoulement facilité des produits vers les besoins.

Et quelle est la deuxième proposition de Douglas?

La deuxième proposition de Douglas a trait à la finance de la production. Elle fut exprimée comme suit, par son auteur, à Swanwick et devant le Comité MacMillan:

«Les crédits nécessaires pour financer la production doivent provenir, non pas d'épargnes, mais de nouveaux crédits se rapportant à une nouvelle production.»

A la salle Caxton, en octobre 1930. Douglas variait ainsi la fin de son énoncé:

«de nouveaux crédits se rapportant à la production.»

Il ne dit plus «nouvelle production», mais seulement «production». C'est évidemment que les deux sont synonymes. A mesure que la production se fait, c'est une nouvelle production. De la nouvelle production pour entretenir le flot de production où s'approvisionne le consommateur.

C'est donc à tort que certains ont interprété cette proposition comme s'appliquant seulement à une augmentation dans le volume de la production, ce qui n'est certainement pas le cas d'après le contexte des trois propositions.

Douglas ajoute: **«Et ces crédits ne seront rappelés que selon le rapport de la dépréciation générale à "l'appréciation", à l'enrichissement général.»**

Pourquoi financer ainsi la production avec des crédits nouveaux et non pas avec de l'épargne? — Parce que l'épargne provient d'argent qui a été distribué en rapport avec de la production faite. Or tout cet argent est entré dans le prix de revient de la production faite. Si cet argent n'est pas employé pour acheter la production, l'écart entre les moyens d'achat et les prix augmentera.

On peut objecter que l'épargne employée à financer un nouveau flot de production, par investissement ou autrement, revient dans la circulation comme pouvoir d'achat. C'est vrai, mais c'est à titre de dépenses faites par le producteur, donc en créant un nouveau prix. Or, la même somme d'argent ne peut pas servir à liquider à la fois le prix correspondant de l'ancienne production et le prix correspondant de la nouvelle production.

Chaque fois que l'argent épargné revient ainsi à des consommateurs, c'est en créant un nouveau prix, sans avoir liquidé un ancien prix laissé sans pouvoir d'achat correspondant lorsque cet argent devenait épargne.

Et la troisième proposition financière de Douglas?

La troisième proposition introduit un élément nouveau dans le pouvoir d'achat: la distribution d'un dividende à tous, employés ou non dans la production. C'est donc un facteur de composition du pouvoir d'achat, qui ne laisse aucun individu sans moyens de paiement.

C'est la reconnaissance du droit de tous à une part de la production, à seul titre de co-capitalistes, de cohéritiers du plus gros facteur de la production moderne: le progrès acquis, grossi et transmis d'une génération à l'autre. A titre également de co-propriétaires des richesses naturelles, don gratuit de Dieu.

C'est aussi le moyen d'entretenir un flot de pouvoir d'achat en rapport avec le flot de production, quand bien même la production se passerait de plus en plus du besoin d'employés. Ce serait donc la solution au plus gros casse-tête actuel, qui fait des économistes lever les bras au ciel et qui fait les gouvernements s'ahurir devant l'insuccès de leur politique de plein emploi, d'embauchage intégral. La poursuite de l'embauchage intégral est une absurdité, difficile à justifier de la part d'êtres intelligents, alors que le progrès s'applique inexorablement à désembaucher, à libérer du besoin d'employés.

Voici comment s'exprime Douglas:

«La distribution de moyens d'achat (cash credits) aux individus doit progressivement dépendre de moins en moins de l'emploi. C'est-à-dire que le dividende doit progressivement déplacer les émoluments et les salaires.»

Progressivement — à mesure, comme l'a exprimé ailleurs Douglas, à mesure qu'augmente la productivité par homme-heure. Ce qui est parfaitement conforme au réel, conforme à la participation prise respectivement par le travail et par le progrès dans le flot de production.

Le progrès — bien collectif — prend de plus en plus de place comme facteur de production, et le labeur humain de moins en moins. Cette réalité devrait se refléter dans la répartition des revenus, par dividendes à tous d'une part et par récompense à l'emploi d'autre part.

Mais n'est-ce pas là proposer tout un chambardement dans les modes de finance de la production et dans le mode de répartition des droits aux produits?

C'est surtout, et bien plus simplement, un changement de philosophie, de conception du rôle du système économique et du système financier, les ramenant à leurs fins propres servies par des moyens appropriés. Il est temps que les fins reprennent leur place, et les moyens la leur. Il est temps que la perversion fasse place au redressement.

Mais tout cela a l'air de supposer que l'argent, ou le crédit financier, peut venir comme ça, séance tenante, pour financer la production et la consommation!

Certainement. Le système d'argent n'est essentiellement qu'un système de comptabilité. Les comptables sont-ils à court de chiffres pour compter, additionner, soustraire, multiplier, diviser, faire des règles de trois, exprimer des pourcentages?

D'ailleurs, les faits sont là, pour montrer que l'argent est affaire de chiffres: chiffres que les monopolisateurs du système peuvent faire surgir ou faire disparaître selon leurs décisions, sans besoin d'objets concrets autres qu'un livre, une plume et quelques gouttes d'encre.

Dans une conférence donnée à Westminster, le 7 mars 1936, C. H. Douglas disait à son auditoire — un auditoire créditiste :

«Nous, créditistes, noue disons que le présent système monétaire ne reflète pas les faits. Nos opposants disent qu'il les reflète. Eh bien, il n'y a qu'à regarder et se servir de son gros bon sens pour voir ce qu'il en est. Comment, par exemple, se fait-il qu'un monde qui paraissait presque fiévreusement prospère en 1929, — du moins réputé prospère, à en juger par les critères orthodoxes — et certainement capable de produire et offrir une surabondance de denrées et de services, le faisant et en distribuant une proportion considérable — comment se fait-il que ce monde-là ait pris figure d'extrême pauvreté en 1930? Transformation d'apparence si fondamentale que les conditions économiques en ont été changées du tout au tout. Est-il raisonnable de supposer qu'entre un jour d'octobre 1929 et quelques mois plus tard, le monde soit réellement tombé de la grande richesse à la grande pauvreté? Evidemment non.»

Douglas faisait cette remarque trois ans et demi avant l'éclatement de la deuxième grande guerre mondiale. Une fois celle-ci déclarée, tout le monde pouvait se poser une question de même nature que celle de Douglas, mais en sens inverse:

Comment se fait-il qu'après une rareté d'argent pendant dix années, on trouve subito, du soir au matin, tout l'argent qu'il faut pour une guerre qui dure six années et qui coûte des milliards?

Même réponse dans les deux cas: Le système d'argent n'est qu'une question de comptabilité et n'a besoin que de chiffres portant le sceau de la légalité. Donc, si l'argent manque en face de grandes possibilités de produire pour satisfaire les besoins humains normaux, et si l'argent devient abondant quand les producteurs et les moyens de production sont réquisitionnés pour les champs de bataille et la production d'engins de destruction, c'est parce que le présent système monétaire impose des décisions, au lieu de refléter fidèlement les faits résultant d'actes librement posés par des producteurs libres et des consommateurs libres.

Questions

Après la lecture de cette leçon, le lecteur devrait être capable de répondre aux questions suivantes:

1. Dans vos mots, expliquez pourquoi la création d'un nouveau parti politique n'est pas la meilleure façon de faire appliquer les principes du Crédit Social.

2. Quelles sont les deux raisons pour lesquelles on dit que le système financier n'accomplit pas son rôle?

3. Qu'est-ce que le «crédit réel»?

4. Dans vos mots, quelle est la première proposition de Douglas, et quel est son but?

5. Dans vos mots, quelle est la deuxième proposition de Douglas?

6. Dans vos mots, quelle est la troisième proposition de Douglas?

Leçon 9

Le Crédit Social et la doctrine sociale de l'Église (1ere partie)

Le Crédit Social: christianisme appliqué

C.H. Douglas a déjà dit que le Crédit Social pouvait être défini en deux mots: christianisme appliqué. En effet, une étude comparative du Crédit Social et de la doctrine sociale de l'Église montre jusqu'à quel point l'établissement des propositions financières du Crédit Social appliquerait à merveille l'enseignement de l'Église sur la justice sociale.

C'est en septembre 1939 que paraissait le premier numéro de «Vers Demain», fondé par Louis Even et Gilberte Côté (suivi par le journal en langue anglaise en 1953, en polonais en 1999, et en espagnol en 2003). Il y a donc 70 ans que les «Bérets Blancs» parcourent les routes du Canada et du monde entier pour aller porter à la population le message de «Vers Demain».

Mais justement, quel est le message de «Vers Demain»? Dans quel but ce journal a-t-il été fondé, quels étaient les intentions, les objectifs de ses fondateurs? Ce message, cet objectif, c'est encore le même en 2009 qu'au tout début, en 1939: promouvoir le développement d'un monde meilleur, une société chrétienne, par la diffusion et l'application de l'enseignement de l'Église catholique romaine — et cela dans tous les domaines de la vie en société. La poursuite d'un monde meilleur: c'est précisément pour cette raison que les fondateurs du journal l'appelèrent «Vers Demain»; ils voulaient travailler à bâtir un demain meilleur qu'aujourd'hui.

Louis Even était lui-même un grand catholique, et il était convaincu qu'un monde meilleur ne pourrait être bâti autrement que sur les principes éternels de l'Évangile du Christ et sur les enseignements de Son Église — l'Église catholique romaine — avec en tête son chef visible sur la terre, le Souverain Pontife, qui est aujourd'hui Benoît XVI.

Louis Even

Les objectifs de «Vers Demain» sont d'ailleurs clairement affichés en première page à chaque numéro, tout juste en bas du titre. On y lit, à gauche: **«Journal de patrio-**

tes catholiques, pour le règne des Coeurs de Jésus et de Marie, dans les âmes, les familles et les pays.» Et à droite: **«Pour la réforme économique du Crédit Social, en accord avec la doctrine sociale de l'Église, par l'action vigilante des pères de famille, et non par les partis politiques»** (ce qui signifie, entre autres, que le «Crédit Social» dont il est question ici n'est pas un parti politique, mais une réforme économique qui pourrait être appliquée par n'importe quel parti au pouvoir).

«Vers Demain» est donc un journal de patriotes catholiques, où il est aussi question de réforme économique, de «Crédit Social». Pourquoi? «Qu'est-ce que cela a affaire avec la religion?» diront certains. Le système dit du «Crédit social» n'est rien d'autre qu'une méthode, un moyen de mettre en application la doctrine sociale de l'Église, qui fait partie intégrante de l'enseignement de l'Église. En cela, «Vers Demain» ne s'éloigne donc pas de son but premier, qui est de «promouvoir le développement d'une société plus chrétienne par la diffusion de l'enseignement de l'Église catholique romaine.»

Pourquoi une doctrine sociale?

Si l'Église intervient dans les questions sociales, et a développé un ensemble de principes connus sous le nom de «doctrine sociale de l'Église», c'est essentiellement parce que, comme le disait le Pape Benoît XV, «c'est sur le terrain économique que le salut des âmes est en danger». Son successeur immédiat, le Pape Pie XI, écrivait aussi:

«Il est exact de dire que telles sont, actuellement, les conditions de la vie économique et sociale qu'un nombre très considérable d'hommes y trouvent les plus grandes difficultés pour opérer l'oeuvre, seule nécessaire, de leur salut.» (Encyclique *Quadragesimo anno*, 15 mai 1931).

Pie XII s'exprimait aussi de manière semblable: **«Comment pourrait-il être permis à l'Église, Mère si aimante et soucieuse du bien de ses fils, de rester indifférente à la vue de leurs dangers, de se taire ou de feindre de ne pas voir et de ne pas comprendre des conditions sociales qui, volontairement ou non, rendent ardue et pratiquement impossible une conduite chrétienne conforme aux commandements du souverain législateur?»** (Radio-message du 1er juin 1941). Et ainsi parlent tous les Papes, y compris Benoît XVI aujourd'hui.

Imprégner la société de l'Évangile

Le 25 octobre 2004, le Conseil Pontifical Justice et Paix publiait le «Compendium de la Doctrine Sociale de l'Église», attendu depuis plusieurs années. Ce livre présente, de façon systématique (330 pages de texte plus un index de 200 pages), les principes de la doctrine sociale de l'Église s'appliquant aux divers secteurs de la vie publique. La rédaction de ce volume avait débuté cinq ans plus tôt sous la présidence de feu le Cardinal François-Xavier Nguyen Van Thuan, décédé en septembre 2002.

Le livre est dédié au Pape Jean-Paul II, «maître de doctrine sociale et témoin évangélique de justice et de paix», qui dans son exhortation apostolique *Ecclesia in America* en 1999, mentionnait qu'il «serait très utile d'avoir un compendium ou une synthèse approuvée de la doctrine sociale catholique, y compris un catéchisme qui montrerait le lien entre la doctrine sociale et la nouvelle évangélisation.» On peut lire dans ce Compendium:

«La doctrine sociale de l'Église fait partie intégrante du ministère d'évangélisation de l'Église. Tout ce qui concerne la communauté des hommes — situations et problèmes relatifs à la justice, à la libération, au développement, aux relations entre les peuples, à la paix — n'est pas étranger à l'évangélisation, et celle-ci ne serait pas complète si elle ne tenait pas compte de l'appel réciproque que se lancent continuellement l'Évangile et la vie concrète, personnelle et sociale, de l'homme. (n. 66). L'Église a le droit d'être pour l'homme maîtresse de vérité de la foi: de la vérité non seulement du dogme, mais aussi de la morale qui découle de la nature humaine et de l'Évangile. (n. 70)

«D'un côté, il faut éviter 'l'erreur qui consiste à réduire le fait religieux au domaine purement privé'; de l'autre côté, on ne peut pas orienter le message chrétien vers un salut purement ultraterrestre (de l'autre monde), incapable d'illuminer la présence sur la terre.' En raison de la valeur publique de l'Évangile et de la foi et à cause des effets pervers de l'injustice, c'est-à-dire du péché, l'Église ne peut pas demeurer indifférente aux affaires sociales. 'Il appartient à l'Église d'annoncer en tout temps et en tout lieu les principes de la morale, même en ce qui concerne l'ordre social,

ainsi que de porter un jugement sur toute réalité humaine, dans la mesure où l'exigent les droits fondamentaux de la personne humaine ou le salut des âmes'.» (Canon 747, n. 2.) (71).

L'Église ne peut rester indifférente à des situations telles que la faim dans le monde et l'endettement, qui mettent en péril le salut des âmes, et c'est pourquoi elle demande une réforme des systèmes financiers et économiques, afin qu'ils soient mis au service de l'homme. L'Église présente donc les principes moraux sur lesquels doit être jugé tout système économique et financier. Et afin que ces principes soient appliqués de manière concrète, l'Église fait appel aux fidèles laïcs — dont le rôle propre, selon le Concile Vatican II, est justement de renouveler l'ordre temporel et de l'ordonner selon le plan de Dieu — pour travailler à la recherche de solutions concrètes et l'établissement d'un système économique conforme à l'enseignement de l'Évangile et aux principes de la doctrine sociale de l'Église.

Le Crédit Social

C'est pour cette raison que Louis Even décida de propager la doctrine du Crédit Social — un ensemble de principes et de propositions financières énoncés pour la première fois par l'ingénieur écossais Clifford Hugh Douglas, en 1918 (les mots «Crédit Social» signifient «argent social» — un argent émis par la société, en opposition à l'argent actuel qui est un «crédit bancaire» — un argent émis par les banques).

Lorsque Louis Even découvrit la grande lumière du Crédit Social en 1935, il comprit immédiatement jusqu'à quel point cette solution appliquerait à merveille l'enseignement de l'Église sur la justice sociale — surtout en ce qui concerne le droit de tous aux biens matériels, la distribution du pain quotidien à tous, par l'attribution d'un dividende social à chaque être humain. C'est pourquoi, dès qu'il connut cette lumière, Louis Even se fit un devoir de la faire connaître à tous.

Quatre principes de base

La doctrine sociale de l'Église peut se résumer en quatre principes, ou quatre «colonnes», sur lesquels tout système dans la société doit être basé. On peut lire aux paragraphes 160 et 161 du Compendium de la Doctrine Sociale de l'Église le texte suivant:

«Les principes permanents de la doctrine sociale de l'Église constituent les véritables fondements de l'enseignement social catholique: à savoir

1. Le principe de la dignité de la personne humaine, sur lequel reposent tous les autres principes et contenus de la doctrine sociale;

2. le bien commun;

3. la subsidiarité;

4. la solidarité.

«Ces principes ont un caractère général et fondamental, car ils concernent la réalité sociale dans son ensemble... En raison de leur durée dans le temps et de leur universalité de sens, l'Église les désigne comme le paramètre de référence premier et fondamental pour l'interprétation et l'évaluation des phénomènes sociaux, dans lequel puiser les critères de discernement et de conduite de l'action sociale, en tout domaine.»

La primauté de la personne humaine

La doctrine sociale de l'Église peut se résumer dans ce principe de base: la primauté de la personne humaine:

«La doctrine sociale chrétienne a pour lumière la Vérité, pour objectif la Justice et pour force dynamique l'Amour... Son principe de base est que les êtres humains sont et doivent être fondement, but et sujets de toutes les institutions où se manifeste la vie sociale.» (Jean XXIII, encyclique *Mater et Magistra*, 15 mai 1961, nn. 219 et 226.)

Il est écrit dans le Compendium: «L'Église voit dans l'homme, dans chaque homme, l'image vivante de Dieu lui-même; image qui trouve et est appelée à retrouver toujours plus profondément sa pleine explication dans le mystère du Christ, Image parfaite de Dieu, Révélateur de Dieu à l'homme et de l'homme à lui-même.» (n. 105)

«Toute la vie sociale est l'expression de son unique protagoniste: la personne humaine. 'L'homme est, et doit être et demeurer le sujet, le fondement et la fin de la vie sociale.'» (Pie XII, Radiomessage du 24 décembre 1944.) (n. 106)

«Une société juste ne peut être réalisée que dans le respect de la dignité transcendante de la personne humaine. Celle-ci représente la fin dernière de la société, qui lui est ordonnée: 'Aussi l'ordre social et son progrès doivent-ils toujours tourner au bien des personnes, puisque l'ordre des choses doit être subordonné à l'ordre des personnes et non l'inverse'.» (Concile Vatican II, Constitution pastorale *Gaudium et Spes*, 26.)

«Le respect de la dignité humaine ne peut en aucune façon ne pas tenir compte de ce principe: il faut 'que chacun considère son prochain, sans aucune exception, comme un autre lui-même, qu'il tienne compte avant tout de son existence et des moyens qui lui sont nécessaires pour vivre dignement'. Il faut que tous les programmes sociaux, scientifiques et culturels, soient guidés par la conscience de la primauté de chaque être humain.» (132)

Les systèmes au service de l'homme

Le Crédit Social partage la même philosophie. C.H. Douglas écrivait au début de son tout premier livre, Economic Democracy: «Les systèmes sont faits pour l'homme, et non pas l'homme pour les systèmes, et l'intérêt de l'homme, qui est son propre développement, est au-dessus de tous les systèmes.»

Jean-Paul II

Et Jean-Paul II écrivait dans sa première encyclique, *Redemptor hominis* (4 mars 1979, n. 15): **«les indispensables transformations des structures économiques... la misère en face de l'abondance qui met en cause les structures et mécanismes financiers... L'homme ne peut renoncer à lui-même ni à la place qui lui est propre dans le monde visible, il ne peut devenir esclave des choses, esclave des systèmes économiques, esclave de ses propres produits.»**

Tous les systèmes doivent être au service de l'homme, y compris les systèmes financiers et économiques:

«Je tiens à aborder une question délicate et douloureuse. Je veux parler du tourment des responsables de plusieurs pays,

qui ne savent plus comment faire face à l'angoissant problème de l'endettement... Une réforme structurelle du système financier mondial est sans nul doute une des initiatives les plus urgentes et nécessaires.» (Message du Pape Jean-Paul II à la 6e Conférence des Nations Unies sur le Commerce et le Développement, Genève, 26 septembre 1985.)

«En tant que société démocratique, veillez attentivement à tout ce qui se passe dans le puissant monde de l'argent! Le monde de la finance est aussi un monde humain, notre monde, soumis à la conscience de nous tous; pour lui aussi il y a des principes éthiques. Veillez donc surtout à ce que vous apportiez une contribution au service du monde avec votre économie et vos banques, et non une contribution — peut-être indirecte — à la guerre et à l'injustice!» (Jean-Paul II, Fluëli, Suisse, 14 juin 1984.)

Dans son Encyclique *Centesimus annus* (publiée en 1991 pour le 100ème anniversaire de l'encyclique *Rerum novarum* de Léon XIII), Jean-Paul II dresse une liste des principaux droits de l'homme (n. 47):

«Parmi les principaux droits, il faut rappeler le droit à la vie dont fait partie intégrante le droit de grandir dans le sein de sa mère après la conception; puis le droit de vivre dans une famille unie et dans un climat moral favorable au développement de sa personnalité; le droit d'épanouir son intelligence et sa liberté par la recherche et la connaissance de la vérité; le droit de participer au travail de mise en valeur des biens de la terre et d'en tirer sa subsistance et celle de ses proches; le droit de fonder librement une famille, d'accueillir et d'élever des enfants, en exerçant de manière responsable sa sexualité. En un sens, la source et la synthèse de ces droits, c'est la liberté religieuse, entendue comme le droit de vivre dans la vérité de sa foi et conformément à la dignité transcendante de sa personne.»

Non au communisme

La doctrine sociale de l'Église se situe au-dessus des systèmes économiques existants, puisqu'elle se confine au niveau des principes. Un système économique sera bon ou non dans la mesure où il applique ces principes de justice enseignés par l'Église. C'est la raison pour laquelle le Pape Jean-Paul II écrivait en 1987, dans son encyclique *Solicitudo rei socialis*, que l'Église **«adopte une attitude critique vis-à-vis du capitalisme libéral et du collectivisme**

marxiste... deux conceptions du développement imparfaites et ayant besoin d'être radicalement corrigées.»

Il est facile à comprendre pourquoi l'Église condamne le communisme, ou collectivisme marxiste qui, comme le rappelait le Pape Pie XI, est «intrinsèquement pervers» et anti-chrétien, puisque son but avoué est la destruction complète de la propriété privée, de la famille, et de la religion. Mais pourquoi l'Église condamnerait-elle le capitalisme ? Le capitalisme ne vaudrait pas mieux que le communisme ?

Dans le second chapitre de l'encyclique *Centesimus annus*, Jean-Paul II rappelle les différents événements qui ont eu lieu à travers le monde depuis l'encyclique de Léon XIII jusqu'à aujourd'hui, en passant par les deux guerres mondiales et l'établissement du communisme en Europe de l'Est, et souligne combien Léon XIII avait eu raison de dénoncer le socialisme qui, loin de régler la question sociale, allait s'avérer une faillite monumentale, causant la souffrance de millions d'innocentes victimes:

Léon XIII

«En effet, écrit Jean-Paul II, le Pape Léon XIII prévoyait les conséquences négatives — sous tous les aspects: politique, social et économique — d'une organisation de la société telle que la proposait le «socialisme »... Il faut souligner ici la clarté avec laquelle est saisi ce qu'il y a de mauvais dans une solution qui, sous l'apparence d'un renversement des situations des pauvres et des riches, portait en réalité préjudice à ceux-là mêmes qu'on se promettait d'aider. Le remède se serait ainsi révélé pire que le mal. En caractérisant la nature du socialisme de son époque, qui supprimait la propriété privée, Léon XIII allait au coeur du problème.»

L'erreur fondamentale du socialisme, dit Jean-Paul II, est l'athéisme, car en niant l'existence de Dieu, d'un être supérieur qui a créé l'homme, on nie aussi l'existence de toute loi morale, de toute dignité et de tous droits de la personne; cela mène aux dictatures — où c'est l'État qui décide ce qui est bon pour l'individu, ou au désordre social et à l'anarchie — où chaque individu se fabrique sa propre conception de ce qui est bien ou mal.

Le capitalisme doit être corrigé

Même si le marxisme s'est écroulé, cela ne signifie pas pour autant le triomphe du capitalisme, car même après la chute du communisme, il existe encore des millions de pauvres et de situations d'injustice sur la planète. Jean-Paul II écrit:

«La solution marxiste a échoué, mais des phénomènes de marginalisation et d'exploitation demeurent dans le monde, spécialement dans le Tiers-Monde, de même que des phénomènes d'aliénation humaine, spécialement dans les pays les plus avancés, contre lesquels la voix de l'Église s'élève avec fermeté. Des foules importantes vivent encore dans des conditions de profonde misère matérielle et morale. Certes, la chute du système communiste élimine dans de nombreux pays un obstacle pour le traitement approprié et réaliste de ces problèmes, mais cela ne suffit pas à les résoudre.» (*Centesimus annus*, 42.)

Par ailleurs, toujours dans son encyclique *Centesimus annus*, Jean-Paul II reconnaît aussi les mérites de la libre entreprise, de l'initiative privée et du profit: **«Il semble que, à l'intérieur de chaque pays comme dans les rapports internationaux, le marché libre soit l'instrument le plus approprié pour répartir les ressources et répondre efficacement aux besoins. Toutefois, cela ne vaut que pour les besoins 'solvables', parce que l'on dispose d'un pouvoir d'achat, et pour les ressources qui sont 'vendables', susceptibles d'être payées à un juste prix. Mais il y a de nombreux besoins humains qui ne peuvent être satisfaits par le marché. C'est un strict devoir de justice et de vérité de faire en sorte que les besoins humains fondamentaux ne restent pas insatisfaits et que ne périssent pas les hommes qui souffrent de ces carences.»**

Ce que l'Église reproche au capitalisme actuel n'est donc pas la propriété privée ni la libre entreprise. Au contraire, loin de souhaiter la disparition de la propriété privée, l'Église souhaite plutôt sa diffusion la plus large possible pour tous, que tous soient propriétaires d'un capital, soient réellement «capitalistes».

«La dignité de la personne humaine exige normalement, comme fondement naturel pour vivre, le droit à l'usage des biens de la terre; à ce droit correspond l'obligation fondamentale d'accorder une propriété privée autant que possible à tous.... (Il faut) mettre en branle une politique économique qui encourage et facilite une plus ample accession à la propriété privée des biens durables: une maison, une terre, un outillage artisanal, l'équipement d'une

Jean XXIII

ferme familiale, quelques actions d'entreprises moyennes ou grandes.» (Jean XXIII, *Mater et Magistra*, nn. 114-115.)

Le Crédit Social, avec son dividende à chaque individu, reconnaîtrait chaque être humain comme étant un véritable capitaliste, propriétaire d'un capital, cohéritier des richesses naturelles et du progrès (les inventions humaines, la technologie).

Le capitalisme a été vicié par le système financier

Ce que l'Église reproche au système capitaliste, c'est que, précisément, tous et chacun des êtres humains vivant sur la planète n'ont pas accès à un minimum de biens matériels, permettant une vie décente, et que même dans les pays les plus avancés, il existe des milliers de personnes qui ne mangent pas à leur faim. C'est le principe de la destination universelle des biens qui n'est pas atteint: la production existe en abondance, mais c'est la distribution qui est défectueuse.

Et dans le système actuel, l'instrument qui permet la distribution des biens et des services, le signe qui permet d'obtenir les produits, c'est l'argent. C'est donc le système d'argent, le système financier qui fait défaut dans le capitalisme.

Les maux du système capitaliste ne proviennent donc pas de sa nature (propriété privée, libre entreprise), mais du système financier qu'il utilise, un système financier qui domine au lieu de servir, qui vicie le capitalisme. Le Pape Pie XI écrivait dans son encyclique *Quadragesimo anno*, en 1931: **«Le capitalisme n'est pas à condamner en lui-même, ce n'est pas sa constitution qui est mauvaise, mais il a été vicié.»**

Ce que l'Église condamne, ce n'est pas le capitalisme en tant que système producteur, mais, selon les mots du Pape Paul VI, le «néfaste système qui l'accompagne», le système financier:

«Ce libéralisme sans frein conduit à la dictature à bon droit dénoncée par Pie XI comme génératrice de 'l'impérialisme de l'argent'. On ne saurait trop réprouver de tels abus, en rappelant encore une fois solennellement que l'économie est au service de l'homme. Mais s'il est vrai qu'un certain capitalisme a été la source de trop de souffrances, d'injustices et de luttes fratricides aux effets durables, c'est à tort qu'on attribuerait à l'industriali-

sation elle-même des maux qui sont dus au néfaste système qui l'accompagnait. Il faut au contraire en toute justice reconnaître l'apport irremplaçable de l'organisation du travail et du progrès industriel à l'oeuvre du développement.» (Paul VI, Encyclique *Populorum progressio*, sur le développement des peuples, 26 mars 1967, n. 26.)

Le vice du système: l'argent est créé par les banques sous forme de dette

C'est le système financier qui n'accomplit pas son rôle, il a été détourné de sa fin. (Faire les biens joindre les besoins.) L'argent ne devrait être qu'un instrument de distribution, un signe qui donne droit aux produits, une simple comptabilité.

L'argent devrait être un instrument de service, mais les banquiers, en se réservant le contrôle de la création de l'argent, en ont fait un instrument de domination: Puisque le monde ne peut vivre sans argent, tous —gouvernements, compagnies, individus — doivent se soumettre aux conditions imposées par les banquiers pour obtenir de l'argent, qui est le droit de vivre dans notre société actuelle. Cela établit une véritable dictature sur la vie économique: Les banquiers sont devenus les maîtres de nos vies, tel que le rapportait très justement encore Pie XI dans *Quadragesimo anno* (n. 106).

«Ce pouvoir est surtout considérable chez ceux qui, détenteurs et maîtres absolus de l'argent et du crédit, gouvernent le crédit et le dispensent selon leur bon plaisir. Par là, ils distribuent le sang à l'organisme économique dont ils tiennent la vie entre leurs mains, si bien que, sans leur consentement, nul ne peut plus respirer.»

Aucun pays ne peut rembourser sa dette dans le système actuel, puisque tout argent est créé sous forme de dette: tout l'argent qui existe vient en circulation seulement lorsqu'il est prêté par les banques, à intérêt. Et chaque fois qu'un prêt est remboursé, cette somme d'argent cesse d'exister, est retirée de la circulation.

Le défaut fondamental dans ce système est que lorsque les banques créent de l'argent nouveau sous forme de prêts, elles demandent aux emprunteurs de ramener à la banque plus d'argent que ce que la banque a créé. (Les banques créent le capital qu'elles prêtent, mais pas l'intérêt qu'elles exigent en retour.) Puisqu'il est impossible de rembourser de l'argent qui n'existe pas, la seule solution est d'emprunter de nouveau pour pouvoir payer cet intérêt, et d'accumuler ainsi des dettes impayables.

Cette création d'argent sous forme de dette par les banquiers est leur moyen d'imposer leur volonté sur les individus et de contrôler le monde:

«Parmi les actes et les attitudes contraires à la volonté de Dieu et au bien du prochain et les 'structures' qu'ils introduisent, deux éléments paraissent aujourd'hui les plus caractéristiques: d'une part le désir exclusif du profit et, d'autre part, la soif du pouvoir dans le but d'imposer aux autres sa propre volonté.» (Jean-Paul II, encyclique *Sollicitudo rei socialis*, n. 37.)

Puisque l'argent est un instrument essentiellement social, la doctrine du Crédit Social propose que l'argent soit émis par la société, et non par des banquiers privés pour leur profit:

«Il y a certaines catégories de biens pour lesquelles on peut soutenir avec raison qu'ils doivent être réservés à la collectivité lorsqu'ils en viennent à conférer une puissance économique telle qu'elle ne peut, sans danger pour le bien public, être laissée entre les mains de personnes privées.» (Pie XI, encyclique *Quadragesimo anno*.)

L'effet de l'intérêt composé

Les institutions comme le FMI (Fonds Monétaire International) et la Banque Mondiale prétendent venir en aide aux pays en difficultés financières avec leurs prêts, mais à cause des intérêts que ces pays doivent payer, ces prêts les appauvrissent encore davantage. En voici quelques exemples frappants:

En dix ans, de 1980 à 1990, les pays d'Amérique latine ont payé 418 milliards $ d'intérêt sur un emprunt original de 80 milliards $... et ils doivent encore le capital, même s'ils l'ont remboursé plus de cinq fois !

Au Canada, la situation est encore pire ! 93% de la dette nationale de 562 milliards de dollars (en 2002) était attribuable aux intérêts composés: le montant original emprunté (39 milliards $) ne représente que 7% de la dette. Le reste, 523 milliards $, représente ce qu'il en a coûté pour emprunter ce 39 milliards$!

Selon la Coalition pour le Jubilé 2000, pour chaque dollar versé en aide aux pays pauvres, 8 dollars sont remboursés par ces mêmes pays en intérêts.

Pour chaque dollar versé en aide aux pays pauvres, 8 dollars sont remboursés par ces pays en intérêts.

Ce sont des exemples semblables qui ont amené Saint Léon à écrire: **«C'est une avarice injuste et insolente que celle qui se flatte de rendre service au prochain alors qu'elle le trompe... Celui-là jouira du repos éternel qui entre autres règles d'une conduite pieuse n`aura pas prêté son argent à usure... tandis que celui qui s'enrichit au détriment d'autrui, mérite en retour la peine éternelle.» Saint Jean Chrysostome écrivait aussi: «Rien n'est plus honteux, ni plus cruel que l'usure.»**

Les dettes doivent être effacées

Toute personne la moindrement sensée réalisera qu'il est criminel et immoral d'exiger des pays de continuer à payer des intérêts sur des dettes dont le capital a déjà été remboursé plusieurs fois par l'intérêt. On peut donc comprendre pourquoi l'Église condamne si fortement l'usure (le prêt d'argent à intérêt), et demande l'effacement des dettes. Lorsqu'on comprend que l'argent prêté par les banques est littéralement créé à partir de rien, d'un simple trait de plume, alors il est facile de comprendre que les dettes peuvent être effacées de la même manière, sans que personne ne soit pénalisé.

Le 27 décembre 1986, la Commission Pontificale Justice et Paix publiait un document intitulé «Une approche éthique de l'endettement international»; dont voici des extraits :

«Les pays débiteurs, en effet, se trouvent placés dans une sorte de cercle vicieux: ils sont condamnés, pour pouvoir rembourser leurs dettes, à transférer à l'extérieur, dans une mesure toujours plus grande, des ressources qui devraient être disponibles pour leur consommation et leurs investissements internes, donc pour leur développement.

«Le service de la dette ne peut être acquitté au prix d'une asphyxie de l'économie d'un pays et aucun gouvernement ne peut moralement exiger d'un peuple des privations incompatibles avec la dignité des personnes... S'inspirant de l'Évangile, d'autres comportements seraient à envisager, comme consentir des délais, remettre partiellement ou même totalement les dettes... En certains cas, les pays créanciers pourront convertir les prêts en dons.

«L'Église rappelle la priorité à accorder aux hommes et à leurs besoins, par-delà les contraintes et les techniques financières souvent présentées comme seules impératives.»

Le Pape Jean-Paul II écrivait dans son encyclique *Centesimus annus* (n. 35.): **«Le principe que les dettes doivent être payées est assurément juste** *(Note de Vers Demain : rembourser le capital est juste, mais pas rembourser un intérêt en plus.)* **Il n'est pas licite de demander et d'exiger un paiement quand cela reviendrait à imposer en fait des choix politiques de nature à pousser à la faim et au désespoir des populations entières. On ne saurait prétendre au paiement des dettes contractées si c'est au prix de sacrifices insupportables. Dans ce cas, il est nécessaire — comme du reste cela est en train d'être partiellement fait — de trouver des modalités d'allégement, de report ou même d'extinction de la dette, compatibles avec le droit fondamental des peuples à leur subsistance et à leur progrès.»**

En préparation du Grand Jubilé de l'an 2000, le Pape Jean-Paul II avait mentionné en plusieurs occasions la nécessité d'effacer toutes les dettes. Voici des extraits de son audience du mercredi 3 novembre 1999:

«En ce qui concerne la possession des biens immobiliers, la règle du jubilé biblique reposait sur le principe selon lequel la 'terre appartient à Dieu' et est donc donnée au bénéfice de toute la communauté. C'est pourquoi, si un Israélite avait aliéné son terrain, l'année jubilaire lui permettait d'en retrouver la possession. 'La terre ne sera pas vendue avec perte de tout droit, car la terre m'appartient et vous n'êtes pour moi que des étrangers et des hôtes. Pour toute propriété foncière vous laisserez un droit de rachat sur le fonds' (Lv 25, 23-24).

«Le jubilé chrétien se réfère avec une conscience toujours plus grande aux valeurs sociales du jubilé biblique qu'il désire interpréter et reproposer dans le contexte contemporain, en réfléchissant sur les exigences du bien commun et sur la destination universelle des biens de la terre. C'est précisément dans cette perspective que j'ai proposé dans Tertio millennio adveniente (n. 51) que le Jubilé soit vécu comme 'un moment favorable pour penser, entre autres, à une réduction importante, sinon à un effacement total, de la dette internationale qui pèse sur le destin de nombreuses nations'.»

Une fois les dettes effacées, la seule façon d'empêcher les pays de s'endetter de nouveau est de créer eux-mêmes leur propre argent, sans intérêt et sans dette, car si vous laissez aux banques le pouvoir de créer l'argent, les dettes s'accumuleront de nouveau. C'est ce qui faisait dire à Sir Josiah Stamp, alors qu'il était gouverneur de la Banque d'Angleterre:

«Le système bancaire fut conçu dans l'iniquité et né dans le péché... Les banquiers possèdent la planète. Enlevez-leur, mais laissez-leur le pouvoir de créer l'argent, et d'un trait de plume, ils créeront assez d'argent pour racheter la planète et en devenir les propriétaires... Si vous voulez continuer d'être les esclaves des banquiers et de payer le prix de votre propre esclavage, alors laissez les banquiers continuer de créer l'argent et de contrôler le crédit.»

Josiah Stamp

Pour ceux qui ne comprennent pas que les banques créent l'argent qu'elles prêtent (et que lorsqu'elles prêtent, elles ne se départissent absolument de rien), la seule manière d'«effacer» une dette est de la faire payer par quelqu'un, quelque part. Mais quand nous, du journal Vers Demain, demandons d'effacer les dettes publiques, c'est exactement ce que cela veut dire: les effacer, et non pas les rembourser... et encore moins imprimer de l'argent pour les rembourser !

Ce que nous demandons, c'est que le gouvernement cesse d'emprunter des banques et qu'il crée lui-même l'argent pour la nation, sans intérêt et sans dette, tel que prescrit dans la Constitution du pays. C'est la seule solution qui va à la racine du problème, et qui le règle une fois pour toute. Cela mettrait finalement l'argent au service de la personne humaine.

Leçon 10

Le Crédit Social et la doctrine sociale de l'Église (2e partie)

Dans la leçon précédente, nous avons développé le premier des quatre principes de base de la doctrine sociale de l'Église, la primauté de la personne humaine, qui signifie que tous les systèmes existent pour servir la personne humaine.

Donc, le but des systèmes économique et financier, selon l'Église, est aussi le service de l'homme. Le but du système économique, c'est la satisfaction des besoins humains. C'est ce que Pie XI rappelle dans son encyclique *Quadragesimo anno* (n. 75):

«L'organisme économique et social sera sainement constitué et atteindra sa fin alors seulement qu'il procurera à tous et à chacun de ses membres tous les biens que les ressources de la nature et de l'industrie, ainsi que l'organisation vraiment sociale de la vie économique, ont le moyen de leur procurer.

Pie XI

«Ces biens doivent être assez abondants pour satisfaire aux besoins d'une honnête subsistance et pour élever les hommes à ce degré d'aisance et de culture qui, pourvu qu'on en use sagement, ne met pas d'obstacle à la vertu, mais en facilite au contraire singulièrement l'exercice.»

Maintenant, développons les trois autres principes mentionnés dans le *Compendium de la doctrine sociale de l'Église*: le bien commun, la subsidiarité, la solidarité.

Le bien commun

164. De la dignité, de l'unité et de l'égalité de toutes les personnes découle avant tout le principe du bien commun, auquel tout aspect de la vie sociale doit se référer pour trouver une plénitude de sens. Selon une première et vaste acception, **par bien commun on entend : «cet ensemble de conditions sociales qui permettent, tant aux groupes qu'à chacun de leurs membres, d'atteindre leur perfection d'une façon plus totale et plus aisée».** (*Gaudium et Spes*, 26.)

167. Le bien commun engage tous les membres de la société: aucun n'est exempté de collaborer, selon ses propres capacités,

à la réalisation et au développement de ce bien... Tous ont aussi droit de bénéficier des conditions de vie sociale qui résultent de la recherche du bien commun. L'enseignement de Pie XI demeure très actuel: «Il importe donc d'attribuer à chacun ce qui lui revient et de ramener aux exigences du bien commun ou aux normes de la justice sociale la distribution des ressources de ce monde, dont le flagrant contraste entre une poignée de riches et une multitude d'indigents atteste de nos jours, aux yeux de l'homme de cœur, les graves dérèglements». (Encyclique *Quadragesimo Anno*, 197.)

Les devoirs de la communauté politique

168. **La responsabilité de poursuivre le bien commun revient non seulement aux individus, mais aussi à l'État, car le bien commun est la raison d'être de l'autorité politique.** (Cf. *Catéchisme de l'Église Catholique*, n. 1910.) A la société civile dont il est l'expression, l'État doit, en effet, garantir la cohésion, l'unité et l'organisation de sorte que le bien commun puisse être poursuivi avec la contribution de tous les citoyens. L'individu, la famille, les corps intermédiaires ne sont pas en mesure de parvenir par eux-mêmes à leur développement plénier; d'où la nécessité d'institutions politiques dont la finalité est de rendre accessible aux personnes les biens nécessaires — matériels, culturels, moraux, spirituels — pour conduire une vie vraiment humaine. Le but de la vie sociale est le bien commun historiquement réalisable.

170. Le bien commun de la société n'est pas une fin en soi; il n'a de valeur qu'en référence à la poursuite des fins dernières et au bien commun universel de la création tout entière. Dieu est la fin dernière de ses créatures et en aucun cas on ne peut priver le bien commun de sa dimension transcendante, qui dépasse mais aussi achève la dimension historique.

La destination universelle des biens

171. **Parmi les multiples implications du bien commun, le principe de la destination universelle des biens revêt une importance immédiate : «Dieu a destiné la terre et tout ce qu'elle contient à l'usage de tous les hommes et de tous les peuples, en sorte que les biens de la création doivent équitablement affluer entre les mains de tous, selon la règle de la justice, inséparable de la charité».** (*Gaudium et Spes*, 69.) Ce principe est basé sur le fait que «la première origine de tout bien est l'acte de Dieu lui-même qui a créé la terre et l'homme, et qui a donné la terre à l'homme pour qu'il la maîtrise par son travail et jouisse de ses fruits (cf. Gn 1,28-29).

Dieu a donné la terre à tout le genre humain pour qu'elle fasse vivre tous ses membres, sans exclure ni privilégier personne. C'est là l'origine de la destination universelle des biens de la terre. En raison de sa fécondité même et de ses possibilités de satisfaire les besoins de l'homme, la terre est le premier don de Dieu pour la subsistance humaine» (Jean-Paul II, Centesimus Annus, 31.) En effet, la personne ne peut pas se passer des biens matériels qui répondent à ses besoins primaires et constituent les conditions de base de son existence; ces biens lui sont absolument indispensables pour se nourrir et croître, pour communiquer, pour s'associer, et pour pouvoir réaliser les plus hautes finalités auxquelles elle est appelée. (Cf. Pie XII, Radio Message du 1er juin 1941.)

172. Le principe de la destination universelle des biens de la terre est à la base du droit universel à l'usage des biens. **Chaque homme doit avoir la possibilité de jouir du bien-être nécessaire à son plein développement: le principe de l'usage commun des biens est le «premier principe de tout l'ordre éthico-social» et «principe caractéristique de la doctrine sociale chrétienne».** (Jean-Paul II, Encyclique *Sollicitudo Rei Socialis*, 42.)

C'est la raison pour laquelle l'Église a estimé nécessaire d'en préciser la nature et les caractéristiques. Il s'agit avant tout d'un droit naturel, inscrit dans la nature de l'homme, et non pas simplement d'un droit positif, lié à la contingence historique; en outre, ce droit est «originaire». (Pie XII, Radio-message du 1er juin 1941.) Il est inhérent à l'individu, à chaque personne, et il est prioritaire par rapport à toute intervention humaine sur les biens, à tout ordre juridique de ceux-ci, à toute méthode et tout système économiques et sociaux : «Tous les autres droits, quels qu'ils soient, y compris ceux de propriété et de libre commerce, y sont subordonnés (à la destination universelle des biens) : ils n'en doivent donc pas entraver, mais bien au contraire faciliter la réalisation, et c'est un devoir social grave et urgent de les ramener à leur finalité première». (Paul VI, Encyclique *Populorum Progressio*, 22.)

La propriété privée

176. Par le travail, l'homme, utilisant son intelligence, parvient à dominer la terre et à en faire sa digne demeure: «Il s'approprie ainsi

une partie de la terre, celle qu'il s'est acquise par son travail. C'est là l'origine de la propriété individuelle». (Jean-Paul II, *Centesimus Annus*, 31.)

La propriété privée et les autres formes de possession privée des biens «assurent à chacun une zone indispensable d'autonomie personnelle et familiale; il faut les regarder comme un prolongement de la liberté humaine. Enfin, en stimulant l'exercice de la responsabilité, ils constituent l'une des conditions des libertés civiles». (Gaudium et Spes, 71.) La propriété privée est élément essentiel d'une politique économique authentiquement sociale et démocratique et la garantie d'un ordre social juste. La doctrine sociale exige que la propriété des biens soit équitablement accessible à tous, de sorte que tous en deviennent, au moins dans une certaine mesure, propriétaires, sans pour autant qu'ils puissent les «posséder confusément». (Léon XIII, *Rerum Novarum*, 11.)

L'héritage du progrès

179. En mettant à la disposition de la société des biens nouveaux, tout à fait inconnus jusqu'à une époque récente, la phase historique actuelle impose une relecture du principe de la destination universelle des biens de la terre, en en rendant nécessaire une extension qui comprenne aussi les fruits du récent progrès économique et technologique. La propriété des nouveaux biens, issus de la connaissance, de la technique et du savoir, devient toujours plus décisive, car «la richesse des pays industrialisés se fonde bien plus sur ce type de propriété que sur celui des ressources naturelles». (Jean-Paul II, *Centesimus Annus*, 32.)

Jean-Paul II

Les nouvelles connaissances techniques et scientifiques doivent être mises au service des besoins primordiaux de l'homme, afin que le patrimoine commun de l'humanité puisse progressivement s'accroître. La pleine mise en pratique du principe de la destination universelle des biens requiert par conséquent des actions au niveau international et des initiatives programmées par tous les pays : «Il faut rompre les barrières et les monopoles qui maintiennent de nombreux peuples en marge du développement, assurer à tous les individus et à toutes les nations les conditions élémentaires qui permettent de participer au développement». (Jean-Paul II, *Centesimus Annus*, 35.)

Que tous soient réellement «capitalistes» et aient accès aux biens de la terre, cela serait rendu possible par le dividende du Crédit Social. Comme il a été fait mention dans les leçons précédentes, ce dividende est basé sur deux choses : l'héritage des ressources naturelles, et les inventions des générations passées. C'est exactement ce que le Pape Jean-Paul II écrivait en 1981 dans son Encyclique *Laborem exercens*, sur le travail humain (n. 13) :

«L'homme, par son travail, hérite d'un double patrimoine: il hérite d'une part de ce qui est donné à tous les hommes, sous forme de ressources naturelles et, d'autre part, de ce que tous les autres ont déjà élaboré à partir de ces ressources, en réalisant un ensemble d'instruments de travail toujours plus parfaits. Tout en travaillant, l'homme hérite du travail d'autrui.»

La pauvreté en face de l'abondance

Dieu a mis sur la terre tout ce qu'il faut pour nourrir tout le monde. Mais à cause du manque d'argent, les produits ne peuvent plus joindre les gens qui ont faim: des montagnes de produits s'accumulent en face de millions qui meurent de faim. C'est le paradoxe de la misère en face de l'abondance:

«Quel cruel paradoxe de vous voir si nombreux ici même en détresse financière, vous qui pourriez travailler pour nourrir vos semblables, alors qu'au même moment la faim, la malnutrition chronique et le spectre de la famine touchent des milliers de gens ailleurs dans le monde.» (Jean-Paul II aux pêcheurs, St. John's, Terre-Neuve, 12 septembre 1984.)

«Jamais, plus jamais la faim! Mesdames et messieurs, cet objectif peut être atteint. La menace de la faim et le poids de la malnutrition ne sont pas une fatalité inéluctable. La nature n'est pas, en cette crise, infidèle à l'homme. Tandis que, selon l'opinion généralement acceptée, 50% des terres cultivables ne sont pas encore mises en valeur, le fait s'impose du scandale d'énormes excédents alimentaires que certains pays détruisent périodiquement faute d'une sage économie qui en aurait assuré une consommation utile.

«Nous touchons ici au paradoxe de la situation présente: L'humanité dispose d'une maîtrise inégalée de l'univers; elle dispose des instruments capables de faire rendre à plein les ressources de celui-ci. Les détenteurs mêmes de ces instruments resteront-ils

Paul VI

comme frappés de paralysie devant l'absurde d'une situation où la richesse de quelques-uns tolérerait la persistance de la misère d'un grand nombre?... on ne saurait en arriver là sans avoir commis de graves erreurs d'orientation, ne serait-ce parfois que par négligence ou omission; il est grand temps de découvrir en quoi les mécanismes sont faussés, afin de rectifier, ou plutôt de redresser de bout en bout la situation.» (Paul VI à la Conférence Mondiale de l'Alimentation, Rome, 9 novembre 1974.)

«De toute évidence, il y a un défaut capital, ou plutôt un ensemble de défauts et même un mécanisme défectueux à la base de l'économie contemporaine et de la civilisation matérialiste, qui ne permettent pas à la famille humaine de se sortir, dirais-je, de situations aussi radicalement injustes.» (Jean-Paul II, encyclique *Dives in Misericordia*, 30 novembre 1980, n. 11.)

La misère en face de l'abondance... **«représente en quelque sorte un gigantesque développement de la parabole biblique du riche qui festoie et du pauvre Lazare. L'ampleur du phénomène met en cause les structures et les mécanismes financiers, monétaires, productifs et commerciaux qui, appuyés sur des pressions politiques diverses, régissent l'économie mondiale; ils s'avèrent incapables de résorber les injustices héritées du passé et de faire face aux défis urgents et aux exigences éthiques du présent... Nous sommes ici en face d'un drame dont l'ampleur ne peut laisser personne indifférent.»** (Jean-Paul II, *Redemptor hominis*, n. 15.)

Réforme du système financier

Les Papes dénoncent la dictature de l'argent rare et demandent une réforme des systèmes financiers et économiques, l'établissement d'un système économique au service de l'homme:

«Il est nécessaire de dénoncer l'existence de mécanismes économiques, financiers et sociaux qui, bien que menés par la volonté des hommes, fonctionnent souvent d'une manière quasi automatique, rendant plus rigides les situations de richesse des uns et de pauvreté des autres.» (Jean-Paul II, encyclique *Sollicitudo rei socialis*, n. 16.)

«Je fais appel à tous les chargés de pouvoir afin qu'ensemble ils s'efforcent de trouver les solutions aux problèmes de l'heure, ce qui suppose une restructuration de l'économie de manière à ce que les besoins humains l'emportent toujours sur le gain financier.» (Jean-Paul II aux pêcheurs de St. John's, Terre-Neuve, 12 septembre 1984.)

«Une condition essentielle est de donner à l'économie un sens humain et une logique humaine. Ce que j'ai dit au sujet du travail est également valable ici. Il importe de libérer les divers champs de l'existence de la domination d'une économie écrasante. Il faut mettre les exigences économiques à la place qui leur revient et créer un tissu social multiforme qui empêche la massification... Chrétiens, en quelque lieu que vous soyez, assumez votre part de responsabilité dans cet immense effort pour la reconstruction humaine de la cité. La foi vous en fait un devoir.» (Jean-Paul II, discours aux ouvriers de Sao Paulo, 3 juillet 1980.)

Dans sa première Encyclique *Deus Caritas Est* (Dieu est amour), le Pape Benoît XVI a écrit: «L'Église est la famille de Dieu dans le monde. Dans cette famille, personne ne doit souffrir par manque du nécessaire... Le but d'un ordre social juste consiste à garantir à chacun, dans le respect du principe de subsidiarité, sa part du bien commun.»

Le principe de subsidiarité

Cela nous amène à l'un des principes les plus intéressants de la doctrine sociale de l'Église, celui de la subsidiarité: les niveaux supérieurs de gouvernements ne doivent pas faire ce que les niveaux inférieurs, plus près de l'individu, peuvent faire. C'est le contraire de la centralisation – et de son application la plus extrême, un gouvernement mondial, où tous les gouvernements nationaux sont abolis. Ce principe de subsidiarité signifie aussi que les gouvernements existent pour aider les parents, non pas pour prendre leur place. On peut lire dans le *Compendium de la doctrine sociale de l'Église*:

185. Présente dès la première grande encyclique sociale, la subsidiarité figure parmi les directives les plus constantes et les plus caractéristiques de la doctrine sociale de l'Église. (Cf. Léon XIII, Encyclique *Rerum Novarum*, 11.) Il est impossible de promouvoir la dignité de la personne si ce n'est en prenant soin de la famille, des groupes, des associations, des réalités territoriales locales, bref de toutes les expressions associatives de type économique, social, culturel, sportif, récréatif, professionnel, politique, auxquelles les personnes donnent spontanément vie et qui rendent possible leur croissance sociale effective.

Tel est le cadre de la société civile, conçue comme l'ensemble des rapports entre individus et entre sociétés intermédiaires, les premiers à être instaurés et qui se réalisent grâce à «la personnalité créative du citoyen». Le réseau de ces rapports irrigue le tissu social et constitue la base d'une véritable communauté de personnes, en rendant possible la reconnaissance de formes plus élevées de socialité.

186. L'exigence de protéger et de promouvoir les expressions originelles de la socialité est soulignée par l'Église dans l'encyclique *Quadragesimo anno* (n. 203) dans laquelle le principe de subsidiarité est indiqué comme un principe très important de la «philosophie sociale» : «De même qu'on ne peut enlever aux particuliers, pour les transférer à la communauté, les attributions dont ils sont capables de s'acquitter de leur seule initiative et par leurs propres moyens, ainsi ce serait commettre une injustice, en même temps que troubler d'une manière très dommageable l'ordre social, que de retirer aux groupements d'ordre inférieur, pour les confier à une collectivité plus vaste et d'un rang plus élevé, les fonctions qu'ils sont en mesure de remplir eux-mêmes. L'objet naturel de toute intervention en matière sociale est d'aider les membres du corps social, et non pas de les détruire ni de les absorber».

Sur la base de ce principe, toutes les sociétés d'ordre supérieur doivent se mettre en attitude d'aide («subsidium») — donc de soutien, de promotion, de développement — par rapport aux sociétés d'ordre mineur. De la sorte, les corps sociaux intermédiaires peuvent remplir de manière appropriée les fonctions qui leur reviennent, sans devoir les céder injustement à d'autres groupes sociaux de niveau supérieur, lesquels finiraient par les absorber et les remplacer et, à la fin, leur nieraient leur dignité et leur espace vital.

A la subsidiarité comprise dans un sens positif, comme aide

économique, institutionnelle, législative offerte aux entités sociales plus petites, correspond une série d'implications dans un sens négatif, qui imposent à l'État de s'abstenir de tout ce qui restreindrait, de fait, l'espace vital des cellules mineures et essentielles de la société. Leur initiative, leur liberté et leur responsabilité ne doivent pas être supplantées.

187. Le principe de subsidiarité protège les personnes des abus des instances supérieures et incite ces dernières à aider les individus et les corps intermédiaires à développer leurs fonctions. Ce principe s'impose parce que toute personne, toute famille et tout corps intermédiaire ont quelque chose d'original à offrir à la communauté. L'expérience atteste que la négation de la subsidiarité ou sa limitation au nom d'une prétendue démocratisation ou égalité de tous dans la société, limite et parfois même annule l'esprit de liberté et d'initiative. Certaines formes de concentration, de bureaucratisation, d'assistance, de présence injustifiée et excessive de l'État et de l'appareil public contrastent avec le principe de subsidiarité.

L'État-Providence

Comme l'explique M. Louis Even, «**pour accomplir ses fonctions propres, César ne doit pas recourir à des moyens qui empêchent les personnes, les familles d'accomplir les leurs ... Parce qu'il n'accomplit pas ce redressement, que lui seul peut accomplir (casser le monopole de la création de l'argent par les banques privées et créer lui-même, pour la nation, son propre argent sans dette), César sort de son rôle, accumule des fonctions, s'en autorise, pour imposer des charges lourdes, parfois ruineuses, aux citoyens et aux familles. Il devient ainsi l'instrument d'une dictature financière qu'il devrait abattre.**»

Ces fonctions que l'État accumule, au lieu de corriger le système financier, créent une bureaucratie monstrueuse, avec une armée de fonctionnaires qui embête plus les citoyens qu'elle ne les sert. Dans son encyclique *Centesimus annus* (n. 48), le Pape Jean-Paul II dénonce ces excès de l'«État-Providence»:

«On a assisté, récemment, à un important élargissement du cadre de ces interventions (de l'État), ce qui a amené à constituer, en quelque sorte, un État de type nouveau, l'«État du bien-être» (ou État-Providence)... Cependant, au cours de ces dernières années en particulier, des excès ou des abus assez nombreux ont provoqué des critiques sévères de l'État du bien-être... (qui) provoque la déperdition des forces humaines, l'hypertrophie des

appareils publics, animés par une logique bureaucratique plus que par la préoccupation d'être au service des usagers, avec une croissance énorme des dépenses.» La solution, indique le Saint-Père, est de respecter le principe de subsidiarité, ne pas interférer dans les compétences des familles et des niveaux de gouvernement inférieurs, car «les besoins sont mieux connus par ceux qui en sont plus proches».

La plupart des taxes aujourd'hui sont injustes et inutiles, et pourraient être éliminées dans un système de Crédit Social. La partie la plus injuste de ces taxes, et qui n'a aucune raison d'être, est celle qui sert à payer le «service de la dette» – les intérêts que le pays doit payer chaque année sur sa dette nationale, pour avoir emprunté à intérêt de l'argent que l'État aurait pu créer lui-même, sans intérêt.

Le *Compendium de la doctrine sociale de l'Église* continue (n. 187):

A l'application du principe de subsidiarité correspondent: le respect et la promotion effective de la primauté de la personne et de la famille; la mise en valeur des associations et des organismes intermédiaires, dans leurs choix fondamentaux et dans tous ceux qui ne peuvent pas être délégués ou assumés par d'autres; l'encouragement offert à l'initiative privée, de sorte que tout organisme social, avec ses spécificités, demeure au service du bien commun; l'articulation pluraliste de la société et la représentation de ses forces vitales; la sauvegarde des droits de l'homme et des minorités; la décentralisation bureaucratique et administrative; l'équilibre entre la sphère publique et la sphère privée, avec la reconnaissance correspondante de la fonction sociale du privé; et une responsabilisation appropriée du citoyen dans son rôle en tant que partie active de la réalité politique et sociale du pays.

188. Diverses circonstances peuvent porter l'État à exercer une fonction de suppléance. Que l'on pense, par exemple, aux situations où il est nécessaire que l'État stimule l'économie, à cause de l'impossibilité pour la société civile d'assumer cette initiative de façon autonome; que l'on pense aussi aux réalités de grave déséquilibre et d'injustice sociale où seule l'intervention publique peut créer des conditions de plus grande égalité, de justice et de paix.

Comme nous l'avons vu dans les leçons précédentes, corriger le système financier est certainement l'un des devoirs de l'État, c'est-à-dire, que l'argent doit être émis par la société, et non par des banquiers privés pour leur profit, tel que l'écrit Pie XI dans son encyclique *Quadragesimo anno*:

«Il y a certaines catégories de biens pour lesquelles on peut soutenir avec raison qu'ils doivent être réservés à la collectivité lorsqu'ils en viennent à conférer une puissance économique telle qu'elle ne peut, sans danger pour le bien public, être laissée entre les mains de personnes privées.»

La famille, première société

Le principe de subsidiarité implique aussi que les parents ont préséance sur l'État, et que les gouvernements ne doivent pas détruire les familles ni l'autorité des parents. Comme l'Église l'enseigne, les enfants appartiennent aux parents, et non à l'État:

«Aussi bien que la société civile, la famille est une société proprement dite, avec son autorité et son gouvernement propre, l'autorité et le gouvernement paternel... La société domestique a sur la société civile une priorité logique et une priorité réelle... Vouloir donc que le pouvoir civil envahisse arbitrairement jusqu'au sanctuaire de la famille, c'est une erreur grave et funeste... L'autorité paternelle ne saurait être abolie, ni absorbée par l'État... Ainsi, en substituant à la providence paternelle la providence de l'État, les socialistes vont contre la justice naturelle et brisent les liens de la famille.» (Léon XIII, encyclique *Rerum novarum*, n. 12-14)

Un salaire pour la mère au foyer

Le dividende du Crédit Social permettrait aussi de reconnaître l'importance du travail de la femme au foyer en lui versant un revenu, ce qui est d'ailleurs l'un des points de la doctrine sociale de l'Église:

«L'expérience confirme qu'il est nécessaire de s'employer en faveur de la revalorisation sociale des fonctions maternelles, du labeur qui y est lié, et du besoin que les enfants ont de soins, d'amour et d'affection pour être capables de devenir des personnes responsables, moralement et religieusement adultes, psychologiquement équilibrés. Ce sera l'honneur de la société d'assurer à la mère – sans faire obstacle à sa liberté, sans discrimination psychologique ou pratique, sans qu'elle soit pénalisée par rapport aux autres femmes – la possibilité d'élever ses enfants et de se consacrer à leur éducation selon les différents besoins de leur âge. Qu'elle soit contrainte à abandonner ces tâches pour prendre un emploi rétribué hors de chez elle n'est pas juste du point de vue du bien de la société et de la famille si cela contredit ou rend difficiles

les buts premiers de la mission maternelle.» (Jean-Paul II, encyclique *Laborem exercens*, 15 septembre 1981, n. 19)

«C'est par un abus néfaste, qu'il faut à tout prix faire disparaître, que les mères de famille, à cause de la modicité du salaire paternel, sont contraintes de chercher hors de la maison une occupation rémunératrice, négligeant les devoirs tout particuliers qui leur incombent, — avant tout, l'éducation des enfants.» (Pie XI, Quadragesimo anno, n. 71)

En octobre 1983, le Saint-Siège publiait la «Charte des droits de la famille», dans laquelle il demandait **«la rémunération du travail d'un des parents au foyer; elle doit être telle que la mère de famille ne soit pas obligée de travailler hors du foyer, au détriment de la vie familiale, en particulier de l'éducation des enfants.»** (Art. 10)

Le principe de solidarité

La solidarité est un autre mot pour désigner l'amour du prochain. Comme chrétiens, nous devons nous soucier du sort de tous nos frères et soeurs dans le Christ, car c'est sur cet amour du prochain que l'on sera jugés à la fin de notre vie sur cette terre:

«C'est à ce qu'ils auront fait pour les pauvres que Jésus-Christ reconnaîtra ses élus... Entre-temps, les pauvres nous sont confiés et c'est sur cette responsabilité que nous serons jugés à la fin (cf. Mt 25, 31-46): 'Notre-Seigneur nous avertit que nous serons séparés de lui si nous omettons de rencontrer les besoins graves des pauvres et des petits qui sont ses frères'». (*Compendium de la doctrine sociale de l'Église*, n. 183)

Le *Compendium* continue:

192. La solidarité confère un relief particulier à la socialité intrinsèque de la personne humaine, à l'égalité de tous en dignité et en droits, au cheminement commun des hommes et des peuples vers une unité toujours plus convaincue. Jamais autant qu'aujourd'hui il n'a existé une conscience aussi diffuse du lien d'interdépendance entre les hommes et les peuples, qui se manifeste à tous les niveaux. La multiplication très rapide des voies et des moyens de communication «en temps réel», comme le sont les voies et les moyens télématiques, les extraordinaires progrès de l'informatique, le volume croissant des échanges commerciaux et des informations, témoignent de ce que, pour la première fois depuis le début de l'histoire de l'humanité, il est désormais possible, au moins techniquement, d'établir des relations entre personnes très éloignées ou inconnues.

Par ailleurs, face au phénomène de l'interdépendance et de son expansion constante, de très fortes disparités persistent dans le monde entier entre pays développés et pays en voie de développement, lesquelles sont alimentées aussi par différentes formes d'exploitation, d'oppression et de corruption qui influent de manière négative sur la vie interne et internationale de nombreux États. Le processus d'accélération de l'interdépendance entre les personnes et les peuples doit être accompagné d'un engagement sur le plan éthico-social tout aussi intensifié, pour éviter les conséquences néfastes d'une situation d'injustice de dimensions planétaires, destinée à se répercuter très négativement aussi dans les pays actuellement les plus favorisés.

Le devoir de tout chrétien

C'est en effet un devoir et une obligation pour tout chrétien de travailler à l'établissement de la justice et d'un meilleur système économique:

«Celui qui voudrait renoncer à la tâche, difficile mais exaltante, d'améliorer le sort de tout l'homme et de tous les hommes, sous prétexte du poids trop lourd de la lutte et de l'effort incessant pour se dépasser, ou même parce qu'on a expérimenté l'échec et le retour au point de départ, celui-là ne répondrait pas à la volonté de Dieu créateur.» (Jean-Paul II, *Sollicitudo rei socialis*, n. 30.)

«La tâche n'est pas impossible. Le principe de solidarité, au sens large, doit inspirer la recherche efficace d'institutions et de mécanismes appropriés: Il s'agit aussi bien de l'ordre des échanges, où il faut se laisser guider par les lois d'une saine compétition, que de l'ordre d'une plus ample et plus immédiate redistribution des richesses.» (Jean-Paul II, *Redemptor hominis*, n. 16.)

Il existe bien sûr plusieurs façons de venir en aide à nos frères dans le besoin: donner à manger à ceux qui ont faim, donner à boire à ceux qui ont soif, loger les sans-abri, visiter les malades et les prisonniers, etc. Certains enverront des dons à des organismes de charité, que ce soit pour aider des pauvres d'ici ou du Tiers-Monde. Mais si ces dons peuvent soulager quelques pauvres pendant quelques jours ou quelques semaines, cela ne supprime pas pour autant les causes de la pauvreté.

Ce qui est infiniment mieux, c'est de corriger le problème à sa source, de s'attaquer aux causes mêmes de la pauvreté, et de rétablir chaque être humain dans ses droits et sa dignité de personne créée à l'image de Dieu, ayant droit au moins au nécessaire pour vivre:

«Plus que quiconque, celui qui est animé d'une vraie charité est ingénieux à découvrir les causes de la misère, à trouver les moyens de la combattre, à la vaincre résolument. Faiseur de paix, il poursuivra son chemin, allumant la joie et versant la lumière et la grâce au coeur des hommes sur toute la surface de la terre, leur faisant découvrir, par-delà toutes les frontières, des visages de frères, des visages d'amis.» (Paul VI, encyclique *Populorum progressio*, 75.)

Ce qu'il faut, ce sont des apôtres pour éduquer la population sur la doctrine sociale de l'Église et sur des moyens, des solutions concrètes pour l'appliquer (comme les propositions financières du Crédit Social). Le Pape Paul VI écrivait, toujours dans *Populorum Progressio* (n. 86):

«Vous tous qui avez entendu l'appel des peuples souffrants, vous tous qui travaillez à y répondre, vous êtes les apôtres du bon et vrai développement qui n'est pas la richesse égoïste et aimée pour elle-même, mais l'économie au service de l'homme, le pain quotidien distribué à tous, comme source de fraternité et signe de la Providence.»

Et dans son encyclique *Sollicitudo Rei Socialis*, le Pape Jean-Paul II écrivait (n. 38.):

«Ces attitudes et ces "structures de péché" *(la soif d'argent et de pouvoir)* **ne peuvent être vaincues — bien entendu avec l'aide de la grâce divine — que par une attitude diamétralement opposée: se dépenser pour le bien du prochain.»**

Principes et application

Certains diront que les Papes n'ont jamais approuvé publiquement le Crédit Social. En fait, les Papes n'approuveront jamais publiquement aucun système économique, telle n'est pas leur mission: ils ne donnent pas de solutions techniques, ils ne font qu'établir les principes sur lesquels doit être basé tout système économique véritablement au service de la personne humaine, et ils laissent aux fidèles le soin d'appliquer le système qui appliquerait le mieux ces principes.

Or, à notre connaissance, aucune autre solution n'appliquerait aussi parfaitement la doctrine sociale de l'Église que le Crédit Social. C'est pourquoi Louis Even, grand catholique qui ne manquait pas de logique, ne se gênait pas pour faire ressortir les liens entre le Crédit Social et la doctrine sociale de l'Église.

Un autre qui était convaincu que le Crédit Social est le christianisme appliqué, qu'il appliquerait à merveille l'enseignement de l'Église sur la justice sociale, c'est le Père Peter Coffey, docteur en philosophie et professeur au Collège de Maynooth, en Irlande. Voici ce qu'il écrivait à un jésuite canadien, le Père Richard, en mars 1932:

«Les difficultés posées par vos questions ne peuvent être résolues que par la réforme du système financier du capitalisme, selon les lignes suggérées par le Major Douglas et l'école créditiste du crédit. C'est le système financier actuel qui est à la racine des maux du capitalisme. L'exactitude de l'analyse faite par Douglas n'a jamais été réfutée, et la réforme qu'il propose, avec sa fameuse formule d'ajustement des prix, est la seule réforme qui aille jusqu'à la racine du mal...».

Étude du Crédit Social par neuf théologiens

Aussitôt que l'ingénieur écossais Clifford Hugh Douglas publia ses premiers écrits sur le Crédit Social, les Financiers firent tout en leur pouvoir pour faire taire la voix de Douglas, ou déformer sa doctrine, car ils savaient que l'application des principes du Crédit Social mettrait fin à leur contrôle de la création de l'argent. Lorsque Louis Even commença à répandre les principes du Crédit Social au Canada français en 1935, une des accusations colportées par les Financiers était que le Crédit Social était du socialisme, ou du communisme.

Alors en 1939, les évêques catholiques du Québec chargèrent une commission de neuf théologiens d'étudier le Crédit Social en regard de la doctrine sociale de l'Église, pour savoir s'il était entaché de socialisme. Les neuf théologiens conclurent qu'il n'y avait rien dans la doctrine du Crédit Social qui était contraire à l'enseignement de l'Église, et que tout catholique était donc libre d'y adhérer sans danger.

Voici des extraits de cette étude de neuf théologiens du système monétaire du Crédit Social:

1. . La Commission détermine tout d'abord le champ de l'étude qu'il s'agit de faire.

a) Il ne s'agit aucunement de l'aspect économique ou politique, i.e., de la valeur de la théorie au point de vue économique et de l'application pratique du système du Crédit Social à un pays. Les membres de la Commission ne se reconnaissent aucune compétence en ces matières, et d'ailleurs l'Église n'a pas à se prononcer sur des questions pour lesquelles, comme le dit le Pape Pie XI, «elle est dépourvue des moyens appropriés et de compétence»

(*Quadragesimo anno*).

b) Il ne s'agit pas non plus d'approuver cette doctrine au nom de l'Église, car l'Église n'a «jamais, sur le terrain social et économique, présenté de système technique déterminé, ce qui d'ailleurs ne lui appartient pas» (*Divini Redemptoris*, n. 34).

c) La seule question à l'étude est la suivante: la doctrine du Crédit Social, dans ses principes essentiels, est-elle entachée de socialisme ou de communisme, doctrines condamnées par l'Église; et par suite doit-elle être regardée par les catholiques comme une doctrine qu'il n'est pas permis d'admettre et encore moins de propager.

2. La Commission définit le socialisme et note ce qui caractérise cette doctrine à la lumière de *Quadragesimo anno*: le matérialisme; la lutte des classes; la suppression de la propriété privée; le contrôle de la vie économique par l'État au mépris de la liberté et de l'initiative individuelle.

3. La Commission a ensuite formulé en propositions les principes essentiels du Crédit Social.

«Le but de la doctrine monétaire du Crédit Social est de donner à tous et à chacun des membres de la société la liberté et la sécurité économiques que doit leur procurer l'organisme économique et social. Pour cela, au lieu d'abaisser la production vers le niveau du pouvoir d'achat par la destruction des biens utiles ou la restriction du travail, le Crédit Social veut hausser le pouvoir d'achat au niveau de la capacité de production des biens utiles.»

Il propose à cette fin:

I. L'État doit reprendre le contrôle de l'émission et du volume de la monnaie et du crédit. Il l'exercera par une commission indépendante jouissant de toute l'autorité voulue pour atteindre son but.

II. Les ressources matérielles de la nation représentées par la production constituent la base de la monnaie et du crédit.

III. En tout temps l'émission de la monnaie et du crédit devrait se mesurer sur le mouvement de la production de façon qu'un sain équilibre se maintienne constamment entre celle-ci et la consommation. Cet équilibre est assuré, partiellement du moins, par le moyen d'un escompte dont le taux varierait nécessairement avec les fluctuations mêmes de la production.

IV. Le système économique actuel, grâce aux nombreuses découvertes et inventions qui le favorisent, produit une abondance insoupçonnée de biens en même temps qu'il réduit la main-d'oeuvre et engendre un chômage permanent. Une partie importante de la population se trouve ainsi privée de tout pouvoir d'achat des biens créés pour elle et non pas pour quelques individus ou groupes particuliers seulement. Pour que tous puissent avoir une part de l'héritage culturel légué par leurs prédécesseurs, le Crédit Social propose un dividende dont la quantité sera déterminée par la masse des biens à consommer. Ce dividende sera versé à chaque citoyen, à titre de citoyen, qu'il ait ou non d'autres sources de revenus.

4. Il s'agit maintenant de voir s'il y a des traces de socialisme dans ces propositions.

Ad Iam: Cette proposition ne paraît pas comporter de donnée socialiste ni partant être contraire à la doctrine sociale de l'Église. L'affirmation est basée sur les passages suivants de l'Encyclique Quadragesimo anno.

Le Pape (Pie XI) dit: **«Il y a certaines catégories de biens pour lesquels on peut soutenir avec raison qu'ils doivent être réservés à la collectivité lorsqu'ils en viennent à conférer une puissance économique telle qu'elle ne peut, sans danger pour le bien public, être laissée entre les mains des personnes privées.»**

Pie XI

On y lit encore: **«Ce qui à notre époque frappe tout d'abord le regard, ce n'est pas seulement la concentration des richesses, mais encore l'accumulation d'une énorme puissance, d'un pouvoir économique discrétionnaire, aux mains d'un petit nombre d'hommes, qui d'ordinaire ne sont pas les propriétaires mais les simples dépositaires et gérants du capital qu'ils administrent à leur gré.»**

«Ce pouvoir est surtout considérable chez ceux qui, détenteurs et maîtres absolus de l'argent, gouvernent le crédit et le dispensent selon leur bon plaisir. Par là, ils distribuent le sang à l'organisme économique dont ils tiennent la vie entre leurs mains, si bien que, sans leur consentement nul ne peut plus respirer.»

Vouloir changer un tel état de choses n'est donc pas contraire à la doctrine sociale de l'Église. Il est vrai qu'en confiant à l'État le contrôle de la monnaie et du crédit, on lui donne une influence considérable sur la vie économique de la nation, une influence équivalente à celle qu'exercent les banques actuellement à leur seul profit; mais cette manière de faire, in se, ne comporte pas de socialisme.

La monnaie n'étant, dans le système du Crédit Social, qu'un instrument d'échange dont le cours sera rigoureusement réglé par la statistique de la production, la propriété privée demeure intacte; voire la monnaie et le crédit seraient peut-être moins qu'aujourd'hui dispensés selon le bon plaisir de ceux qui les contrôlent. Réserver à la collectivité la monnaie et le crédit n'est donc pas opposé à la doctrine sociale de l'Église.

Saint Thomas le dit implicitement, dans *Ethica*, livre 5, leçon 4, quand il affirme qu'il appartient à la justice distributive, laquelle, on le sait, relève principalement de l'État, de distribuer les biens communs, y compris la monnaie, à tous ceux qui sont parties de la communauté civile.

En fait, la monnaie et le crédit ont été, dans le passé, sous le contrôle de l'État, en un grand nombre de pays, notamment dans les États pontificaux; ils le sont encore dans la Cité Vaticane. Il serait bien difficile de voir dans cette proposition, par conséquent, un principe socialiste.

Ad IIam: Que la monnaie et le crédit soient basés sur la production, sur les ressources matérielles nationales, cela ne comporte, semble-t-il, aucun caractère socialiste. La base de la monnaie est une affaire purement conventionnelle et technique.

Dans la discussion présente, ce point est accepté en principe par plusieurs des opposants.

Ad IIIam: Le principe de l'équilibre à maintenir entre la production et la consommation est sain. Dans une économie vraiment humaine et ordonnée, en effet le but de la production est la consommation et cette dernière doit normalement épuiser la première, du moins lorsque la production est faite, comme elle doit l'être, pour répondre à des besoins vraiment humains.

Quant à l'escompte, dont le principe est admis et même pratiqué couramment dans l'industrie et le commerce, il n'est qu'un moyen de réaliser cet équilibre; il permet au consommateur de se procurer la marchandise dont il a besoin à un prix inférieur sans perte pour le producteur.

Il est à noter que la Commission ne se prononce pas sur la nécessité d'un escompte occasionné par l'écart, s'il y a, selon le système du Crédit Social, entre la production et la consommation.

Mais si un tel écart existe, vouloir le combler par le moyen d'un escompte ne saurait être considéré comme une mesure entachée de socialisme.

Ad IVam: Le principe du dividende peut aussi se concilier avec la doctrine sociale de l'Église; il est d'ailleurs comparable au pouvoir d'octroyer que possède l'État. La Commission ne voit pas pourquoi il serait nécessaire pour l'État de posséder les biens de production pour pouvoir payer ce dividende; actuellement, quoique dans un sens contraire, le pouvoir de taxer, que l'État possède en vue du bien commun, comporte davantage cette note et pourtant est admis. La même affirmation vaut pour l'escompte: l'un et l'autre tiennent du principe de la ristourne dans le système coopératif. D'ailleurs la coopération est en honneur dans le Crédit Social.

Le seul contrôle de la production qui soit nécessaire pour l'établissement du Crédit Social, c'est celui de la statistique qui détermine l'émission de la monnaie et du crédit. Or la statistique ne saurait être considérée comme un véritable contrôle et comme une entrave à la liberté individuelle; elle n'est qu'une méthode de connaissance. La Commission ne peut admettre que le contrôle statistique nécessite la socialisation de la production, ou qu'elle soit «de l'essence du socialisme et du communisme».

La Commission répond donc négativement à la question: «Le Crédit Social est-il entaché de socialisme?» Elle ne voit pas comment on pourrait condamner au nom de l'Église et de sa doctrine sociale les principes essentiels de ce système, tels qu'exposés précédemment.

Ce rapport des théologiens n'avait pas fait l'affaire des financiers, et en 1950, un groupe d'hommes d'affaires chargèrent un évêque du Québec (dont nous tairons le nom par respect pour sa mémoire) d'aller à Rome pour obtenir du Pape Pie XII une condamnation du Crédit Social. De retour au Québec, cet évêque fit rapport aux hommes d'affaires: **«Pour avoir une condamnation du Crédit Social, ce n'est pas à Rome qu'il faut aller. Pie XII m'a répondu: "Le Crédit Social créerait dans le monde un climat qui permettrait l'épanouissement de la famille et du christianisme."»**

Ça prend l'aide du Ciel

Dans ce combat pour l'établissement d'un système financier juste fondé sur des principes chrétiens, l'aide divine est surtout nécessaire quand on sait que le but réel des financiers, c'est l'établissement d'un gouvernement mondial qui comprend la destruction du christianisme et de la famille, et que les promoteurs de ce «nouvel ordre mondial» sont en fait menés par Satan lui-même, dont le seul objectif est la perte des âmes. Déjà C.H. Douglas écrivait ce qui suit en 1946, dans la revue *The Social Crediter* de Liverpool:

«Nous sommes engagés dans une bataille pour le christianisme. Et il est surprenant de voir de combien de façons cela est vrai en pratique. Une de ces façons passe presque inaperçue, sauf dans ses dérivations — l'emphase placée par l'Église catholique romaine sur la famille, et l'effort implacable et constant des communistes et des socialistes — qui, avec les Financiers internationaux, forment le véritable corps de l'Antichrist — pour détruire l'idée même de la famille et lui substituer l'État.»

Et Louis Even écrivait sur le même sujet, en 1973:

«Patriotes, les Pèlerins de saint Michel, oui, et ils désirent aussi ardemment que quiconque un régime d'ordre et de justice, de paix, de pain et de joie pour toutes les familles de leur pays. Mais, catholiques aussi, ils savent très bien que l'ordre, la paix et la joie sont incompatibles avec le rejet de Dieu, la violation de ses commandements, le reniement de la foi, la paganisation de la vie, le scandale d'enfants dans des écoles où les parents sont par loi contraints de les envoyer.

«Les Pèlerins de saint Michel, comptant sur l'aide des puissances célestes, ont juré de mettre en oeuvre toutes les forces physiques et morales, tous les instruments de propagande et d'éducation dont ils disposent, pour remplacer le royaume de Satan par le royaume de l'Immaculée et de Jésus-Christ.

«Dans un engagement contre la dictature financière, on n'a pas seulement affaire à des puissances terrestres. Tout comme la dictature communiste, tout comme la puissante organisation de la franc-maçonnerie, la dictature financière est sous les ordres de Satan. Les simples armes humaines n'en viendront pas à bout. Il y faut les armes choisies et recommandées par Celle qui vainc toutes les hérésies, par Celle qui doit écraser définitivement la tête de Satan, par Celle qui a déclaré Elle-même à Fatima que son Coeur Immaculé triomphera finalement. Et ces armes, ce sont la consécration à son Coeur Immaculé marquée par le port de son Scapulaire, le Rosaire et la pénitence.

«Les Pèlerins de saint Michel sont persuadés qu'en embrassant le programme de Marie, chaque acte qu'ils posent, chaque Ave qu'ils adressent à la Reine du monde, chaque sacrifice qu'ils offrent, contribuent non seulement à leur sanctification personnelle, mais aussi à l'avènement d'un ordre social plus sain, plus humain, plus chrétien, comme le Crédit Social. Dans un tel programme reçu de Marie, tout compte et rien n'est perdu.»

En résumé, le combat de Vers Demain est le combat pour le salut des âmes, il ne fait que répéter ce que le Pape et l'Église demandent: une nouvelle évangélisation — rappeler les principes chrétiens de base à des chrétiens qui les ont malheureusement oubliés ou qui ont cessé de les mettre en pratique — et une restructuration des systèmes économiques. Etre un Pèlerin de saint Michel dans l'Oeuvre de «Vers Demain» est donc l'une des vocations les plus urgentes et nécessaires de l'heure. Qui, parmi ceux qui lisent ou entendent ces paroles, auront la grâce de répondre à cet appel, à cette vocation ? Qu'elle est donc grande et importante, l'Oeuvre de Louis Even ! Que tous ceux qui ont soif de justice se mettent donc à étudier et à répandre le Crédit Social, en prenant de l'abonnement à Vers Demain !

Questions

Après la lecture des leçons 9 et 10, le lecteur devrait être capable de répondre aux questions suivantes:

1. Quels sont les quatre principes de base de la doctrine sociale de l'Église ?

2. D'après l'enseignement de l'Église, le capitalisme vaut-il mieux que le communisme ? Précisez.

3. Qu'est-ce qui a été vicié dans le capitalisme ?

4. D'après Pie XI dans *Quadragesimo Anno*, quel est le but de l'organisme économique ?

5. Dans vos mots, que signifie «subsidiarité» ?

Annexe A

«Promouvoir tout homme et tout l'homme» En économie, par le Crédit Social

(article de Louis Even, publié pour la première fois dans Vers Demain de mars-avril 1969)

But de l'organisme économique

Paul VI signant *Populorum progressio* le 26 mars 1967

«Pour être authentique, le développement économique doit être intégral, c'est-à-dire promouvoir tout homme et tout l'homme».

Ces mots sont du Pape Paul VI (*tirés de son encyclique Populorum progressio, n. 14*).

Ses prédécesseurs parlèrent dans le même sens, à mesure que des moyens de production de plus en plus efficaces laissaient des besoins personnels et familiaux en souffrance. Les Papes insistaient toujours sur la fin première du système économique — le service des besoins humains: non pas d'une collectivité abstraite, mais de chaque personne.

Notre journal Vers Demain, dès le début et maintes fois depuis, a repris le «à tous et à chacun» de Quadragesimo Anno du Pape Pie XI:

«L'organisme économique et social sera sainement constitué et atteindra sa fin, alors seulement qu'il procurera à tous et chacun de ses membres tous les biens que les ressources de la nature et de l'industrie, ainsi que l'organisation sociale de la vie économique, ont le moyen de leur procurer».

Et les termes très clairs du Pape Pie XII sur les droits fondamentaux de chaque être humain à une part des biens terrestres, dans son radio-message du 1er juin 1941:

«Tout homme, en tant qu'être doué de raison, tient en fait de la nature le droit fondamental à user des biens matériels de la terre... L'économie nationale ne tend pas à autre chose qu'à assurer

sans interruption les conditions matérielles dans lesquelles pourra se développer pleinement la vie individuelle des citoyens».

«Tous et chacun — Tout homme — Droit fondamental de tout homme — Vie individuelle des citoyens». Ces expressions marquent bien qu'il s'agit de la personne, de chaque personne, et non pas d'une simple satisfaction collective.

C'est de la satisfaction des besoins de chaque individu qu'il est question, mais d'une satisfaction soutenue socialement, garantie socialement dans la mesure et au degré où le permet la capacité productive du pays. C'est pourquoi, dans son radio-message de 1944 le Pape Pie XII ajoutait, après avoir affirmé le droit de chaque personne à l'usage des biens de la terre:

«C'est laissé à la volonté humaine et aux formes juridiques des peuples de régler plus en détail la réalisation pratique de ce droit».

Les formes juridiques des peuples — donc, les législations des pays respectifs.

Droit individuel reconnu et exercé avec l'appui de l'ordre établi — Pie XI aussi l'avait indiqué dans la phrase citée plus haut: «L'organisme économique et **social** sera sainement constitué...»

Aucun doute, donc, sur le droit fondamental de chaque personne, et la possibilité de l'exercer doit lui être facilitée par la législation de son pays. Le bien commun ne signifie pas la suppression des biens individuels légitimes. Au contraire, le bien commun doit consister dans un ordre social qui permette à chaque personne de s'épanouir mieux que sans cet ordre social. Et le premier devoir des responsables de ce bien commun, c'est de veiller à ce que chaque individu puisse avoir accès aux biens nécessaires à la vie.

Dans quelle mesure l'organisme économique et social doit-il faciliter à tous l'accès à des biens matériels? Pie XI dit:

"Tous les biens que les ressources de la nature et de l'industrie ont le moyen de leur procurer".

Non pas que cela doive signifier le même niveau de vie pour tous. Mais pour chacun:

"Ces biens doivent être au moins assez abondants pour satisfaire aux besoins d'une honnête subsistance".

Dans nos pays industrialisés, on aime à évaluer la richesse économique d'un peuple d'après l'abondance de sa production globale. Mais le Pape Pie XII corrige cette vue. Il rectifie:

La richesse économique d'un peuple consiste bien plutôt:

«dans ce qu'une telle abondance représente et fournit réellement et efficacement comme base matérielle pour le développement personnel convenable de ses membres».

Il y a là un devoir incombant aux législateurs. La part nécessaire de chaque personne aux biens essentiels à la vie ne doit pas être laissée aux aléas des circonstances, aux accès de fièvre ou de dépression du mécanisme de crédit, aux maladies périodiques ou chroniques des unités monétaires, aux décisions des créateurs de vaches grasses et de vaches maigres, aux appétits ou aux indigestions des fauves de la finance et de la grande industrie; ni à l'humeur, accueillante ou repoussante, des prêteurs internationaux auxquels des gouvernants sots ou déchus vont, chapeau bas, demander la permission de mettre en oeuvre les possibilités productives de leurs pays.

Nos pays évolués n'ont plus de réels problèmes de production pour répondre aux besoins normaux de toute leur population. Mais ils souffrent honteusement de problèmes de distribution — la chose pourtant la plus simple et la plus agréable à accomplir. Non pas qu'ils manquent de moyens de transport ou de livraison, mais parce que l'accès d'un individu aux produits offerts est conditionné par le pouvoir d'achat dont il dispose. Or ce pouvoir d'achat n'est point lié à la personne ni à ses besoins; il résulte de divers facteurs qui laissent des personnes, des familles privées ou insuffisamment pourvues de moyens de paiements.

Tout l'homme

Pour tout homme — on vient de le dire. Mais aussi, **«pour tout l'homme»**, ajoute Paul VI.

Pour l'homme tout entier. Ce qui doit bien vouloir dire pour un être qui possède plus que la vie végétative, plus que la vie animale. Pour un être doué de raison. Pour un être créé libre et responsable. Pour un être qui normalement aspire au développement, à l'épanouissement de sa personne.

Il y a plus encore. Cet être, dont la vie naturelle est déjà marquée d'une haute dignité, est appelé à une vie incomparablement plus élevée, dépassant infiniment sa vie naturelle d'être raisonnable, libre et responsable. A une vie surnaturelle, participation, par la grâce, de la vie divine même, et cela pour toute l'éternité.

On sort là, il est vrai, de la compétence d'un organisme économique et social. Il faut ici des moyens surnaturels pour une fin surnaturelle. Et l'Église y pourvoit magnifiquement, par les moyens que son Fondateur a mis à sa disposition.

Mais il reste, puisque nous parlons de vie économique et sociale, il reste que l'organisme économique et social doit traiter l'homme avec tout le respect que méritent sa dignité naturelle et sa vocation surnaturelle. Donc, que les systèmes, méthodes et moyens établis pour procurer à tous une part suffisante de biens terrestres n'abaissent personne, n'avilissent personne, n'inculquent à aucun membre de la société une mentalité de mendiant vivant aux crochets et aux dépens des autres, alors qu'il est un ayant-droit.

Autrement dit, l'organisme économique, son mode et son style de distribution des biens correspondants aux besoins humains, doit poursuivre la sécurité économique de tous et de chacun, sans humilier personne, sans y mettre des conditions qui assassinent la liberté.

Bien que ce soit un bonheur temporel qui est fin immédiate de la vie économique, toute institution s'y rattachant doit, non seulement ne pas susciter de difficultés sur la voie de l'homme vers sa destinée éternelle, mais, au contraire, la lui faciliter en le libérant le plus possible de soucis matériels accablants.

«Tout l'homme» comprend cela: l'homme du temps et l'homme de l'éternité. Le souci de l'un ne doit pas être au détriment de l'autre, puisque les deux concernent le même être. La pire catastrophe serait d'organiser une vie temporelle qui contribuerait à manquer une vie éternelle infiniment heureuse pour une vie éternelle si épouvantablement malheureuse qu'on l'appelle la mort éternelle.

Si S. S. Paul VI veut un ordre économique et social qui tienne compte de tout l'homme, il nous semble que ce souci de «tout l'homme», même dans les organismes temporels, était aussi à la pensée de son prédécesseur Jean XXIII, lorsqu'il écrivait dans son encyclique *Mater et Magistra* (alinéa 223):

«Les êtres humains doivent être fondement, but et sujet de toutes les institutions où se manifeste la vie sociale. Chacun d'entre eux étant ce qu'il est, doit être considéré selon sa nature intrinsèquement sociale et sur le plan providentiel de son élévation à l'ordre surnaturel. »

Grands mots de rapiéçage

Nous avons cité des principes rappelés par les Papes. Mais les modes d'application sont à choisir et à appliquer par les peuples eux-mêmes. C'est loin d'être réalisé, même si ces principes ne sont pas rejetés, même si on leur rend hommage, un hommage verbal à l'occasion.

Des chefs politiques ont forgé des formules qu'ils ont voulu signifier de grands desseins, mais c'en est resté là. «Ordre nouveau (New Deal)» de Roosevelt; «Nouvelle Frontière» de Kennedy; «Grande Société» de Johnson; «Société Juste» de Trudeau ... Leurs ombres passent et ne laissent dans leur Sillage que des taxes plus élevées et des dettes accrues.

Parler de remèdes, même si on n'en fait rien, c'est tout de même admettre qu'il y a maladie.

Depuis une couple d'années, sans avoir renié le slogan « Plein emploi » d'après la deuxième grande guerre mondiale, certains se prennent à considérer l'idée de revenus à tous, même sans condition d'emploi. Des syndicats ont commencé par dire: «Salaire annuel garanti», signifiant que même si l'employé est mis en chômage pendant une ou plusieurs périodes, il est payé quand même comme s'il avait travaillé les douze mois. C'était un progrès: on ne condamnait plus comme immoral de l'argent «non gagné» par le travail.

Un pas de plus a suivi. Vu que tout le monde n'est pas salarié, le salaire même garanti ne donnerait pas de quoi vivre à tout le monde. On entend donc maintenant dire: «Revenu annuel garanti». Le revenu, c'est de l'argent. L'argent, c'est l'accès aux produits. Un revenu annuel garanti à tous, ce serait donc l'accès aux produits garanti à tous. Ce serait un droit aux produits attaché à la personne, et non plus uniquement à la condition d'emploi dans la production.

Les promoteurs, encore rares, de la formule, d'ailleurs imprécise, du «revenu annuel garanti», sont cinquante années en retard sur les propositions bien précises et scientifiquement basées du Crédit Social, dont nous parlerons tout à l'heure.

Il serait inexact de dire que rien n'a été fait depuis la dernière guerre pour atténuer les effets révoltants d'un système économique qui sait produire en abondance, mais ne sait pas distribuer. Sous la pression justement d'une abondance accumulée acculant au chômage et provoquant à la révolte, et aussi parce que l'enseignement lumineux du Crédit Social a fait plein jour sur le mystère de l'argent et jeté aux orties le jargon des économistes, les gouvernements ont procédé à certaines mesures pour permettre de distribuer un peu de pouvoir d'achat à des personnes qui n'en reçoivent pas d'un emploi dans la production. C'est pour elles un revenu dissocié de l'emploi. On a vu naître ainsi: les allocations familiales, demeurées trop minces devant des prix triplés et une production accrue; des pensions d'invalidité et de cécité; des allocations aux mères nécessiteuses; des assistances sociales; des pensions de vieillesse.

C'est mieux que le néant d'avant la deuxième guerre mondiale. Mais c'est encore du rapiéçage pour réparer un peu les déficiences d'un revenu mal ordonné à sa source, et empêcher l'effondrement total d'un système cahin-caha de distribution.

Système financier inadapté

Tout l'argent affecté à ces mesures dites de sécurité sociale provient de revenus d'abord liés à l'emploi. Extrait par des taxes et redistribué aux pensionnés et aux secourus.

Mais, taxer ainsi le revenu de A et de B, pour passer à C ou D, c'est puiser dans l'assiette des premiers pour mettre dans l'assiette vide des derniers, alors que le garde- manger reste plein à craquer par le flot fourni de l'abondante production moderne. Cela ne paraît pas bien intelligent.

Et comme les taxes sont de plus en plus exécrées à mesure qu'elles taillent davantage dans les revenus provenant de l'emploi, il arrive que cette manière de vouloir reconnaître le droit de tous au nécessaire irrite les taxés sans même satisfaire suffisamment aux besoins des secourus. En humiliant aussi beaucoup de ces derniers par des conditions, des enquêtes, des ré-enquêtes, des sermons trop souvent et même parfois des reproches, — ce qui n'est point du tout conforme à ce qui est compris dans le terme «tout l'homme».

Ces défauts dans la distribution de biens répondant aux besoins proviennent de ce que la vie économique est viciée par sa soumission à un système financier complètement détourné de sa fin. Un système devenu dominateur quand il devrait être serviteur. Système aussi qui fausse la vision des réalités économiques.

Ces réalités sont, d'une part, les besoins des hommes — besoins privés ou besoins publics; et d'autre part, les possibilités existantes de répondre à ces besoins.

Si l'on raisonne en termes de réalités, la situation se présente ainsi: Y a-t-il assez de blé pour pouvoir fournir assez de pain à tous les citoyens du pays? Si oui, alors tous doivent pouvoir obtenir assez de pain. Et ce terme de pain couvre la masse des produits alimentaires.

Même raisonnement pour le vêtement. Même raisonnement pour le logement. Même raisonnement pour tout ce, que les besoins humains réclament normalement.

Mais avec la priorité accordée à l'argent, le raisonnement est tout autre: Les familles veulent du pain, et il y a vraiment du pain en abondance pour tous; mais l'argent leur manque pour payer le pain. Elles devront donc s'en passer, même si des producteurs de produits alimentaires doivent de ce fait diminuer leur production et souffrir eux-mêmes de la mévente de leur produits.

Ou encore: Telle municipalité a besoin d'un aqueduc, ou d'un système d'égouts. Elle y pourvoira si elle a l'argent en main: elle attendra si l'argent n'est pas là, quand bien même il y aurait dans le pays tout ce qu'il faut, en matériaux, en main-d'oeuvre disponible et en compétence.

Si le système financier était un reflet exact des réalités, comme il devrait l'être, l'un et l'autre raisonnement pourraient s'équivaloir. Mais ce n'est nullement le cas. On a vu, au contraire, l'argent abonder davantage quand les producteurs de biens étaient mobilisés par l'armée ou par des industries de guerre qui ne servent ni à nourrir, ni à vêtir, ni à loger.

Demandez au gouvernement de tripler les allocations familiales, parce qu'elles n'ont point été accordées au taux des hausses des prix, on vous fera répondre: Ce serait bien désirable, mais notre situation financière ne le permet pas.

Objectez: Mais si les familles qui élèvent des enfants se procuraient plus de lait, plus de fruits, plus d'autres utilités, croyez-vous que la capacité de production du pays est trop épuisée pour y répondre? On vous répondra: «La question n'est pas là; le pays peut produire, mais il ne peut pas payer — et c'est final, on ne passe pas outre.

La finance n'est pas en rapport avec le réel en matière de production. Et c'est la finance qui dicte la décision. Elle peut faire fi des besoins humains: elle est plus sacrée que les enfants, que les personnes, que les familles. Elle est du moins considérée comme plus sacrée, dans la pratique, par tous les gouvernements. et par tous leurs conseillers diplômés du système.

On pourrait écrire des pages sur cette monstrueuse sujétion à un système financier en désaccord avec les possibilités réelles de satisfaire des besoins humains. Monstrueuse — surtout quand on sait que le monopole de l'argent et du crédit ne domine ainsi la vie économique qu'en accaparant et traitant comme sa propriété, le crédit réel de la société, la capacité productive de la société, sans laquelle l'argent n'aurait aucune valeur.

La grande capacité moderne de production, si elle était servie, au lieu d'entravée, par un système financier adapté, pourrait facilement répondre aux besoins d'une vie convenable pour toutes les familles du pays, et facilement aussi aux besoins publics dans l'ordre de leur priorité. Ce qui permettrait vraiment un organisme économique et social pour tout homme et pour tout l'homme. En même temps, les pouvoirs publics, de tous les échelons, cesseraient d'être continuellement harcelés par des problèmes de finance. Leur fonction principale et presque unique semble être de chercher de l'argent.

Par le Crédit Social

Les lecteurs habituels de Vers Demain ont pu remarquer, que, en matière économique, ce journal ne parle guère que du système financier. Rien des méthodes de production, des richesses naturelles, des pouvoirs d'eau, des mines, des moyens de transport, des grandes industries sauf pour critiquer leur gigantisme et la dépersonnalisation des masses qu'elles emploient. Rien des méthodes d'agriculture, des métiers, de l'apprentissage, etc.

Pourquoi ? Nous n'ignorons certainement pas l'importance de toutes ces autres questions, mais nous constatons qu'elles sont très bien traitées par d'autres auteurs. Que, d'ailleurs, le flot de production de toutes sortes est bien entretenu, et que, s'il y a étranglement ou «congestionnement» quelque part, ce n'est point dû au système producteur lui-même; mais au système financier qui est d'une toute autre origine.

De même, nous laissons à d'autres les questions de sociologie, même si elles touchent de près à la bonne orientation de la vie sociale — sauf, ici encore, pour regretter que les sociologues examinent tout, excepté le système financier qui pourtant affecte considérablement le comportement de la vie sociale comme de la vie économique.

Fous ne prétendons nullement que l'institution d'un système financier selon les grandes propositions du Crédit Social réglerait de lui-même tous les cas de production, d'exploitation des richesses naturelles, de relations commerciales ou sociales entre les hommes. Non, mais il faciliterait singulièrement leur solution par ceux qui en font leur spécialité.

Nous croyons que, comme l'exprimait le Pape Benoît XV, la question sociale se résume à une juste distribution de la richesse. Nous croyons, de plus, que cette juste distribution pourrait être réalisée par un système financier reflétant les réalités et comportant, dans ses règlements, la garantie d'un certain revenu à tous et à chacun des membres de la société.

C'est ce que ferait l'application des principes du Crédit Social, tels qu'énoncés par l'ingénieur économiste C. H. Douglas.

D'où l'importance considérable que nous y attachons.

Mais pour bien comprendre le Crédit Social et les possibilités de son application, il ne faut pas en juger sous l'éclairage du système actuel.

Du premier coup, le système actuel et le Crédit Social prennent vis-à-vis de la finance deux attitudes opposées:

Le système actuel soumet les possibilités physiques de production à la présence des moyens de paiement (à l'argent, au crédit financier).

Le Crédit Social, au contraire, soumet le système financier aux possibilités physiques de répondre aux besoins humains.

Comment le Crédit Social peut-il obtenir ce renversement? — Parce qu'il considère qu'un système financier doit être assez souple pour s'adapter en tout temps aux réalités économiques, qui sont elles-mêmes le résultat d'actes posés par des producteurs libres répondant à des besoins humains exprimés librement par des consommateurs libres. D'où le titre de «Démocratie économique», que Douglas donna à son premier livre sur ce sujet.

C'est d'autant plus facile à réaliser que le système d'argent est déjà, actuellement, un système de comptabilité. Il n'est que d'en faire une comptabilité exacte, au lieu de cette comptabilité fausse qui exprime un enrichissement réel, effectué par la population du pays, par une dette publique à payer par la population du pays. Et ses autres mauvais fruits sont multiples.

Pour comprendre le Crédit Social, il faut aussi admettre que, dans son ensemble, la population doit payer le prix de ce qu'elle consomme, et non pas le prix de ce qu'elle produit. Cela paraît juste, mais ce n'est pas ce qui arrive aujourd'hui, où l'on exige du consommateur le paiement du prix comptable de la production, alors même que le coût total de la consommation faite en rapport avec cette production n'est pas du tout équivalent à la somme des dépenses qui constituent le prix comptable de revient.

Cela peut paraître obscur à celui qui aborde le sujet pour la première fois. Mais nous l'avons expliqué en détail maintes fois dans le journal Vers Demain. Et nous pourrons y revenir. (On peut trouver des éclaircissements sur ce point et d'autres dans notre brochure «Pour une Finance saine et efficace, en vente, au bureau de Vers Demain.)

Douglas définit le juste prix à faire payer par le consommateur en ces quelques mots: «Le juste prix de la production est le coût de ce qu'il a fallu consommer pour réaliser cette production». De sorte que, par exemple, si le prix comptable de revient de la production, en 6 mois, est de 20 milliards, et si la consommation totale dans ces mêmes 6 mois est de 15 milliards, le prix comptable reste bien de 20 milliards, mais le coût réel n'est que de 15 milliards. La population ne doit payer que 15 milliards, tout en accordant aux producteurs leur prix comptable de 20 milliards. Le consommateur ne paiera que les ¾ du prix, et l'organisme financier compensera pour le reste.

C'est là l'ajustement scientifique des prix, inconnu du système actuel. Et c'est pourquoi le Crédit Social ne peut être ni inflationniste ni déflationniste. Il conforme la situation de la finance et des prix à la réalité de la production et de la consommation. Le résultat, c'est que rien n'entrave les possibilités productives tant qu'elles répondent à des besoins; et que les besoins ont accès à tout la production offerte: si l'on veut davantage, il n'y a qu'à produire davantage. Selon l'expression de Douglas, la seule limite à la production, c'est soit la limite de ses possibilités physiques, soit la saturation des besoins.

L'ajustement scientifique des prix permet aussi de régler socialement le mode de distribution de la richesse produite. Si le producteur a droit à son prix de revient, une fois que cela lui est garanti, il n'a pas le droit de déterminer à quelles conditions les consommateurs y auront droit. Ceci ressort de l'organisme social établi à cette fin pour servir la société: tout comme le système judiciaire est établi pour servir la justice au nom de la société, les jugements étant rendus d'après des lois que les juges ne font pas eux-mêmes et d'après les témoignages de faits auxquels le juge est tout à fait étranger.

Un autre principe du Crédit Social, qui doit être admis, parce qu'il correspond au réel, mais dont on ne trouve aucune application dans le système actuel, c'est que:

L'abondante production moderne est bien plus le fruit d'inventions, de perfectionnements successifs, d'applications scientifiques, de découvertes de puissantes sources d'énergie — en un mot, du progrès, — que du travail des hommes employés dans la production. C'est là un héritage, un immense capital réel. Capital bien plus important que le capital-argent, qui n'est après tout qu'un capital-chiffres qu'un organisme financier social pourrait créer avec autant d'efficacité que la plume du banquier, alors que le capital progrès a pris des siècles à se former.

Cet héritage communautaire, grand facteur de production, n'est la propriété exclusive d'aucun être vivant. C'est un bien commun dont l'usufruit doit valoir un revenu social, un dividende périodique à tous les co-héritiers, à tous les membres de la société au même degré. Sans pour cela supprimer la rémunération à ceux qui participent à mettre ce capital en rendement.

Comme on voit, le Crédit Social envisage une conception du système financier, et du mode de distribution de la richesse, bien différent de celle du système rapace et antisocial d'aujourd'hui. Une économie créditiste pourrait fort bien se servir des mêmes canaux pour la mise en circulation et de retour du crédit financier, mais avec un mode s'inspirant d'une tout autre philosophie. Philosophie parfaitement en rapport avec le service de tout homme et de tout l'homme, réclamé par les Papes pour un organisme économique sain et authentiquement social.

Tout cela dit bien sommairement, on retrouvera ces principes du Crédit Social plus résumés encore, dans les trois propositions suivantes, formulées par le maître Douglas, pour leur mise en application:

L'abondante production moderne est bien plus le fruit d'in-
ventions, de perfectionnements successifs, d'applications scientifiques, de découvertes de puissantes sources d'énergie — en un mot, du progrès, — que du travail des hommes employés dans la production. C'est là un héritage, un immense capital réel. Capital bien plus important que le capital-argent, qui n'est après tout qu'un capital-chiffres qu'un organisme financier social pourrait créer avec autant d'efficacité que la plume du banquier, alors que le capital progrès a pris des siècles à se former.

Cet héritage communautaire, grand facteur de production, n'est la propriété exclusive d'aucun être vivant. C'est un bien commun dont l'usufruit doit valoir un revenu social, un dividende périodique à tous les co-héritiers, à tous les membres de la société au même degré. Sans pour cela supprimer la rémunération à ceux qui participent à mettre ce capital en rendement.

Comme on voit, le Crédit Social envisage une conception du système financier, et du mode de distribution de la richesse, bien différent de celle du système rapace et antisocial d'aujourd'hui. Une économie créditiste pourrait fort bien se servir des mêmes canaux pour la mise en circulation et de retour du crédit financier, mais avec un mode s'inspirant d'une tout autre philosophie. Philosophie parfaitement en rapport avec le service de tout homme et de tout l'homme, réclamé par les Papes pour un organisme économique sain et authentiquement social.

Tout cela dit bien sommairement, on retrouvera ces principes du Crédit Social plus résumés encore, dans les trois propositions suivantes, formulées par le maître Douglas, pour leur mise en application:

1. Les moyens de paiement entre les mains de la population d'un pays doivent, en tout temps, être globalement égaux aux prix globaux à payer pour les biens consommables mis en vente dans ce pays; et ces moyens de paiement doivent être annulés lors de l'achat des biens de consommation.

2. Les crédits nécessaires pour financer la production doivent provenir non pas d'épargnes, mais de nouveaux crédits se rapportant à une nouvelle production. Et ces crédits ne seront rappelés que selon le rapport de la dépréciation générale à «l'appréciation», à l'enrichissement général.

3. La distribution de pouvoir d'achat aux individus doit progressivement dépendre de moins en moins de l'emploi. C'est-à-dire que le dividende doit graduellement remplacer salaires et émoluments, à mesure que la capacité productive augmente par homme-heure.

Les deux premières propositions voient au financement automatique de la production, et à l'application de l'ajustement scientifique des prix dans le retour des crédits financiers.

La troisième proposition a trait à la garantie d'un dividende social à tous, croissant et déplaçant les salaires comme pouvoir d'achat, à mesure que le progrès déplace le travail salarié comme facteur de production.

Voilà de quoi occuper l'esprit du lecteur. Mais que le nouvel étudiant ne se décourage pas. Personne n'a jamais maîtrisé un cours d'économie, même élémentaire, en une heure ou deux.

Puis, pour le Crédit Social, il faut se transporter dans une optique créditiste, pour envisager cette nouvelle conception du financement de la production et de la distribution des produits.

Surtout, qu'on n'oublie pas qu'il s'agit d'une finance qui se plie aux réalités, et non plus de réalités qui doivent se plier à la finance.

La méditation doit entrer dans cette étude, pour en saisir de mieux en mieux la lumière et sa puissance d'efficacité. Mais, le résultat vaut l'effort.

Louis Even

P. S. — **Dans l'article ci-dessus, on expose le cas de l'économie des pays évolués. Leur état économique montre à l'évidence le désaccord entre le réel et le financier et l'injustifiable soumission du réel au financier.**

Mais cela ne veut pas dire que les principes du Crédit Social soient inapplicables aux pays sous-développés. Dans ces pays aussi, un organisme économique sain doit faire de la finance le reflet des réalités. Chez eux, les problèmes de production existent encore à un degré pressant. Leur capacité actuelle de production étant encore faible, leur finance doit en être le reflet: il ne sert à rien, nulle part, d'émettre du pouvoir d'achat quand il n'y a pas de produits pour y répondre.

Ces pays peuvent posséder des richesses matérielles, mais n'avoir pas de moyens suffisants, en outils, machines ou compétences, pour les mettre en rendement. Ils pourraient y arriver moyennant de l'aide étrangère. Il leur faudrait, par exemple, des moyens financiers étrangers pour se procurer de l'outillage qu'ils n'ont pas encore le moyen de manufacturer eux-mêmes. Mais cette aide, pour être vraiment bienfaisante, ne doit pas devenir un poids de dettes sur leur économie et faire de ces pays des colonies économiques de consortiums financiers ou industriels des pays plus riches.

Les méthodes actuelles des contrôleurs du crédit ne se prêtent point à cette aide gratuite. Ni non plus les grands exportateurs, qui accuseraient des concurrents désintéressés de, nuire au marché international. Mais un pays évolué à finance créditiste pourrait se soustraire à ces considérations égoïstes. Ou, si le gouvernement du pays créditiste demeurait indifférent, les citoyens de ce pays, libérés totalement ou en partie de soucis matériels, pour peu qu'ils aient l'esprit de fraternité évangélique, se feraient sans doute un doux devoir de faire servir leur libération à en étendre les bienfaits à leurs frères moins favorisés. De manières qui peuvent être diverses, soit en leur faisant obtenir des biens consommables pour des besoins immédiats urgents, soit en leur aidant à s'outiller pour mettre eux-mêmes en rendement leurs ressources locales, ou d'autres manières encore.

Annexe B
Le dernier écrit de Jacques Maritain

Jacques Maritain, que Louis Even a cité quelquefois dans ses articles, est un philosophe français, décédé en 1973 à l'âge de 91 ans, qui se spécialisa dans l'étude de la pensée de saint Thomas d'Aquin et son application dans la vie sociale. Auteur de plusieurs ouvrages, il était hautement considéré dans les milieux ecclésiastiques, le Pape Paul VI l'ayant choisi comme représentant des hommes de science lors de la cérémonie de clôture du Concile en 1966.

Jacques Maritain et Paul VI

La veille de sa mort, le 29 avril 1973, il achevait d'écrire un texte qui devait résumer toute sa pensée, sur le sujet qu'il considérait le plus urgent pour la société actuelle. Ce qui est intéressant pour les lecteurs de «Vers Demain», c'est que ce sujet c'est l'argent, et surtout la dénonciation du prêt à intérêt, qui crée des dettes impayables. Dans ce texte, Maritain parle d'une société où l'État fabriquerait autant qu'il le faudrait, à l'usage de chaque citoyen, des jetons représentant l'argent: «A chacun des citoyens seraient distribués assez de jetons pour permettre à tous de jouir d'une aisance assurant gratuitement, à un certain niveau de base assez élevé pour qu'ils aient une existence digne de l'homme, la vie matérielle (logement, habillement, alimentation, soins médicaux, etc.) d'une famille et sa vie intellectuelle... Il va de soi que tout impôt à verser à l'État disparaîtrait dans notre nouveau régime.»

Sans en avoir toute la technique et le perfectionnement, cela se rapproche un peu du Crédit Social de C.H. Douglas et Louis Even. Mais ce que nous voulons faire ressortir surtout ici, c'est le cinquième chapitre de ce texte de Maritain, qui condamne sans détour l'intérêt sur l'argent. Voici ce chapitre:

Dans notre société... tout mode de prêt à intérêt perdrait sa raison d'être, puisque, à qui voudrait fonder un établissement ou une institution quelconque, l'État fournirait sur demande tous les jetons dont il aurait besoin...

C'est à partir de l'époque (XVIe siècle) où il a commencé de gagner légalement la partie que le prêt à intérêt a pris pour notre civilisation une importance absolument décisive; et c'est donc surtout le prêt à intérêt dans les temps modernes que j'aurai en vue dans les brèves réflexions que je vais proposer ici, sans oublier que son histoire tout entière est hautement significative, — rien de plus humiliant que cette histoire à considérer dans les affaires humaines. Car tandis que l'esprit le condamnait au nom de la vérité, et de la nature des choses, il a fait son chemin dans notre comportement pratique, et finalement établi son empire en vertu de nos besoins matériels pris comme fin en soi, séparément du bien total de l'être humain lui-même.

Du même coup le champ de notre agir s'est trouvé coupé en deux, et l'on s'imagine que le monde des affaires constitue un monde à part, possédant de soi une valeur absolue, indépendante des valeurs et des normes supérieures qui rendent la vie digne de l'homme, et qui mesurent la vie humaine en son intégralité...

La vérité sur le prêt à intérêt, c'est Aristote qui nous la dit, et de quelle façon décisive quand il déclare fausse et pernicieuse l'idée de la fécondité de l'argent, et affirme que **de toutes les activités sociales la pire est celle du prêteur d'argent**, qui force à devenir productrice d'un gain une chose naturellement stérile comme la monnaie, laquelle ne peut avoir d'autre propriété et d'autre usage que de servir de commune mesure des choses.

User de l'argent qu'on possède pour entretenir sa propre vie, satisfaire ses désirs, ou acquérir en le dépensant de nouveaux biens, améliorant et embellissant l'existence, cela est normal et bon. Mais user de l'argent qu'on possède pour lui faire, comme si l'argent lui-même était fécond, engendrer de l'argent, et rapporter un intérêt «fils de l'argent», —en grec on l'appelait «rejeton de l'argent» —, c'est de tous les moyens de s'enrichir «le plus contraire à la nature», et ne se peut qu'en exploitant le travail d'autrui. «On a donc parfaitement raison de haïr le prêt à intérêt.»...

L'Église, dans son pur enseignement doctrinal, a condamné le prêt à intérêt aussi fermement qu'Aristote. Et pendant longtemps la législation civile a été d'accord avec elle pour regarder le prêt comme devant essentiellement être gratuit. Tous ceux (et ils ne manquaient pas) qui enfreignaient cette loi étaient punissables.

C'est un peu avant le milieu du XVIe siècle que le droit civil a rompu avec l'enseignement doctrinal de l'Église, permettant ainsi au monde des affaires de tenir pour normal et régulier l'emploi du prêt à intérêt. Mais le pur enseignement doctrinal de l'Église, condamnant purement et simplement le prêt à intérêt, restait toujours là...

Il reste à l'honneur de la papauté, qu'à une époque où la civilisation du marché, qui avait commencé son règne au XIIe siècle, était décidément triomphante, Benoît XIV a publié en 1745 la fameuse Bulle *Vix pervenit*, prohibant une fois de plus le prêt à intérêt, et déclarant que c'est un péché d'admettre que dans un contrat de prêt, celui qui prête a droit à recevoir en retour plus que la somme avancée par lui.

Et plus tard encore, alors que florissait le capitalisme du XIXe siècle, Léon XIII dénonçait dans l'encyclique *Rerum novarum* «l'usure rapace» comme un fléau de notre régime économique.

Cependant le monde des affaires se moquait bien des prohibitions de l'Église, et dans les temps modernes le système du prêt à intérêt a fini par s'imposer avec une force irrésistible au régime économique de la société, dont il est devenu le nerf essentiel et qui sans lui était désormais impossible et inconcevable...

Penser que, une fois qu'il a porté son fruit, une somme d'argent surajoutée, fruit de la fécondité de l'argent investi par le bailleur de fonds, est dû à celui-ci à titre d'intérêts rapportés par le capital, est une illusion. L'argent n'est pas fécond...

D'autre part, une fois qu'on est entré dans le système du prêt à intérêt, on aura beau accumuler les études théoriques et les essais empiriques pour porter remède à tous les vices de celui-ci, on n'y arrivera jamais, parce qu'il est fondé sur un faux principe, le principe de la fécondité de l'argent.

Jacques Maritain

Quatre ouvrages pour comprendre la cause de la crise économique et savoir comment s'organiser pour y rémédier

Pour connaître et comprendre la cause de la crise financière, pourquoi l'extrême pauvreté des pays du tiers-monde, quoique la plupart soient extrêmement riches en diverses ressources, pour comprendre pourquoi l'endettement de tous les pays de la planète et l'endettement considérable d'un grand nombre d'individus et d'entreprises, pour connaître le système financier actuel est devenu néfaste, enfin pour découvrir la solution à ces problèmes économiques, qui consisterait en un argent social au service du peuple, il vous faut lire ces ouvrages très instructifs qui vous sont proposés:

1. «Du Régime de Dettes à la Prospérité», 110 pages, une traduction par Louis Even du livre «From Debt to Prosperity» de J. Crate Larkin. L'édition originale anglaise comprend 96 pages. Louis Even, notre regretté fondateur, a eu le livre entre ses mains, en 1934 durant la crise économique. Après en avoir pris connaissance, il s'est dit: «C'est une lumière sur mon chemin, il faut que tout le monde connaisse cela».

2. «Sous le Signe de l'Abondance», par Louis Even, 312 pages. Une conception nouvelle de l'économie, une merveille de simplicité qui fait voir clairement le non-sens de la misère en face de l'abondance.

3. «Une Finance Saine et Efficace», par Louis Even, 32 pages, format-magazine, un ouvrage qui démontre clairement comment on pourrait appliquer les grands principes de la Doctrine Sociale de l'Église dans les faits concrets. (Vous

pouvez en lire des extraîts en page 141 et suivantes du présent volume.)

4. «La démocratie économique (les propositions du Crédit Social) en 10 leçons», par Alain Pilote, 200 pages, une vue d'ensemble à la lumière de la Doctrine Sociale de l'Église, une synthèse qui est utilisée dans nos semaines d'étude et dont plusieurs se servent pour former des cercles d'étude de par le monde

Après avoir lu ces livres vous serez tellement enthousiaste que vous voudrez organiser des cercles d'étude pour informer tout le monde de votre paroisse. Nous vous encourageons fortement à le faire.

Offrandes suggérées pour vous procurer les livres suivants:

«Sous le Signe de l'Abondance»............................... . 15,00 $

«La démocratie économique en 10 leçons» ....8,00 $

«Du Régime de Dettes à la Prospérité»........................ 5,00 $

«Une Finance saine et efficace»...................................2,00 $

Offrande pour vous procurer la série de livre cité ci-haut:

1 Série complète: ....25,00 $

5 Séries complètes: ....100,00 $

10 Séries complètes ....175,00 $

Pour favoriser la création de cercles d'étude, nous vous offrons ces manuels de formation à un tarif préférenciel:

10 volumes «La démocratie économique en 10 leçons» 50,00 $

20 volumes «La démocratie économique en 10 leçons» 90,00 $

Adressez vos chèques ou mandats de poste à l'ordre de:

Pèlerins de saint Michel,
1101 rue Principale
Rougemont, QC
Canada J0L 1M0

Ces livres sont aussi disponibles sur notre site internet:
www.vers.demain.org — info@versdemain.org

Abonnez-vous à Vers Demain

Vous avez-aimé ce que vous venez de lire? Tous ces articles sont tirés du journal Vers Demain, publié cinq fois par année. Alors, abonnez-vous au plus vite à ce journal, et faites-le connaître à vos amis. Il est même publié en quatre langues: français, anglais, espagnol et polonais. Le prix de l'abonnement est de 20 dollars pour 4 ans (pour le Canada et les États-Unis, et de 24 dollars pour 2 ans pour les autres pays; pour l'Europe, 18 euros pour 2 ans.) Envoyez votre chèque ou mandat poste, accompagné de votre nom et adresse (en spécifiant dans quelle langue vous voulez recevoir le journal) à:

Journal Vers Demain, 1101 rue Principale, Rougemont, QC, Canada – J0L 1M0. Tel.: 450-469-2209. ***(Pour plus de détails, consultez le site internet www.versdemain.org)***